C.H.BECK ■ **WISSEN**

in der Beck'schen Reihe

Die deutsche sozialdemokratische Partei ist die älteste deutsche Partei und eine der ältesten Parteien Europas. 2013 kann sie auf eine 150-jährige Geschichte zurückblicken. Sie ist zweifellos ein prägender Faktor der deutschen Geschichte und hat Einfluss über den deutschen Rahmen hinaus ausgeübt – nicht zuletzt als Vorbild für andere Parteien der europäischen Arbeiterbewegung. Bernd Faulenbach, einer der besten Kenner der SPD-Geschichte, schildert in diesem Band den Weg der Partei von den Anfängen bis zur Gegenwart – und er stellt auch kritische Fragen nach ihren politischen, sozialen und kulturellen Perspektiven in der Gegenwart.

Bernd Faulenbach ist Professor an der Ruhr-Universität Bochum und Vorsitzender der Historischen Kommission beim SPD-Parteivorstand. Zuletzt ist von ihm erschienen: *Das sozialdemokratische Jahrzehnt. Von der Reformeuphorie zur Neuen Unübersichtlichkeit. Die SPD 1969–1982 (2011).*

Bernd Faulenbach

GESCHICHTE DER SPD

Von den Anfängen bis zur Gegenwart

Verlag C.H.Beck

Originalausgabe
© Verlag C.H.Beck oHG, München 2012
Satz: Fotosatz Amann, Aichstetten
Druck und Bindung: Druckerei C.H.Beck, Nördlingen
Umschlagentwurf: Uwe Göbel, München
Umschlagabbildung: Anstecknadel, © AdsD/Friedrich-Ebert-Stiftung, Bonn
Printed in Germany
ISBN 978 3 406 63717 9

www.beck.de

Inhalt

I. Dimensionen der Geschichte der deutschen Sozialdemokratie 7

II. Die formative Phase der Sozialdemokratie 11
Gründungsereignisse 12
Soziale Basis und politische Ziele 15
Verfrühte Ablösung vom Liberalismus? 17
Die Verfolgung durch den Obrigkeitsstaat 18

III. Die Herausbildung der sozialdemokratischen
Massenpartei 21
Parteiorganisation, Wahlentwicklung und Rolle im politischen
System 21
Gesellschaftliche Lage und Arbeiterkulturbewegung 26
Das Erfurter Programm und der Richtungsstreit 27
Die Rolle in der internationalen Politik 31

IV. Die Parteispaltung im Ersten Weltkrieg und
ihre Folgen 34

V. Verfassungspartei, Regierungspartei, Oppositionspartei –
die Sozialdemokratie in der Weimarer Republik 37
Revolution und Konstituierung der Republik 37
«Halbe Regierungs- und halbe Oppositionspartei» 44
Sozialdemokratische Außenpolitik 48
Arbeitermilieu und Partei 50
Sozialdemokratische Politik zur Verteidigung der Republik 52

VI. Verfolgung, Widerstand und Exil der Sozialdemokratie
1933–1945 57

VII. Weichenstellungen in den Nachkriegsjahren 61
Die SPD und die Entstehung der SED 65
Die Gründung der Bundesrepublik 68

VIII. Die SPD als «konstruktive Opposition» in den 50er und 60er Jahren 72

Opposition in der Ära Adenauer 73

Parteireform und Godesberger Programm 76

Der mühsame Weg zur Macht 79

IX. Das sozialdemokratische Jahrzehnt (1969–1982) 83

Der Aufbruch in der Ära Brandt 85

1973/74 als Wende und Zäsur 90

Sozialdemokratische Politik angesichts neuer Herausforderungen 92

Das Scheitern der sozial-liberalen Koalition 99

X. Neuorientierung in der Opposition 102

Neue Positionen zur Sicherheits-, Umwelt- und Gesellschaftspolitik 103

Die SPD im veränderten Parteiensystem 106

XI. Die SPD in der Umwälzung 1989/90 109

Die SPD und die Friedliche Revolution 109

Die Gründung der SDP in der DDR 112

Die SPD im Vereinigungsprozess 115

XII. Opposition im Bund, Regieren in den Ländern, Positionskämpfe in der Partei (1990–1998) 117

XIII. Ein zweites sozialdemokratisches Jahrzehnt (1998–2009)? 122

Das rot-grüne Projekt 123

Die deutsche Beteiligung an Militäreinsätzen 126

Die Agenda 2010 und ihre Folgen 128

Die zweite Große Koalition 132

XIV. Schlussbetrachtung 135

Literaturhinweise 140

Register 143

I. Dimensionen der Geschichte der deutschen Sozialdemokratie

Ihre Wurzeln reichen bis in die Zeit der Revolution von 1848 zurück, und organisatorische Kontinuität lässt sich von 1863 an konstatieren: Damit ist die deutsche sozialdemokratische Partei die älteste deutsche Partei und eine der ältesten Parteien Europas. 2013 kann sie auf eine mindestens 150-jährige Geschichte zurückblicken. Sie ist zweifellos ein wichtiger Faktor der deutschen Geschichte, der – zumindest zeitweilig – Einfluss über den deutschen Rahmen hinaus ausgeübt hat: Sie war Vorbild für andere Parteien der europäischen Arbeiterbewegung. Die von ihr geprägte Politik hatte Relevanz über Deutschland hinaus.

Und doch werden gegenwärtig kritische Fragen zur Sozialdemokratie gestellt. Bei der Bundestagswahl 2009 erreichte sie mit 23 % ein verheerend schlechtes Wahlergebnis. Auch im europäischen Zusammenhang wird von einer Krise der Sozialdemokratie gesprochen – in der Tat regiert sie derzeit nur in wenigen europäischen Ländern. Ist die große Zeit der Sozialdemokratie vorüber?

Schon in den 1980er Jahren sah Ralf Dahrendorf das «sozialdemokratische Jahrhundert» zu Ende gehen, vor allem deshalb, weil sie ihre wichtigsten Ziele erreicht habe, jedenfalls in Westeuropa, wo nur noch weniges auszubauen, im Übrigen aber das Erreichte zu verteidigen sei. Dies war vor der beschleunigten Globalisierung, in einer Zeit, als der Neoliberalismus sich anschickte, zur dominanten Ideologie des Westens zu werden. Die Folgen des damit einhergehenden Marktradikalismus werden heute sichtbar. Die Bedeutung der Regulierung des Kapitalismus und sozialstaatlicher Sicherung wird wieder verstärkt beachtet. Jetzt wird von einer «Sozialdemokratisierung» der anderen Parteien gesprochen. Dies lässt eine Aktualisierung sozialdemokratischer Vorstellungen erkennen, die allerdings nicht unbedingt zu einem erneuten Aufstieg der Sozialdemokratie führen muss.

Ungeachtet der Aufgeregtheiten gegenwärtiger Diskussionen stellt sich die Frage nach dem historischen Ort, der historischen Rolle und der Kontextualität der Sozialdemokratie sowie die damit zusammenhängende Frage ihrer Identität, die offensichtlich dem Wandel unterworfen ist. Dabei ist zu berücksichtigen, dass die Sozialdemokratie sich als Teil der europäischen Emanzipationsbewegung entwickelte und doch zugleich mit der deutschen Geschichte und ihren Problemen eng verwoben war, so dass sich eine Reihe von Fragenkomplexen ergibt.

1. Die deutsche Sozialdemokratie entwickelte sich vor dem Hintergrund ökonomisch-gesellschaftlicher Prozesse, die man mit Stichworten wie Industrialisierung, Hochindustrialisierung, Übergang zur Dienstleistungsgesellschaft, mit Klassenbildung, Urbanisierung, sozialer Differenzierung und Individualisierung, mit kulturellem Wandel, Expansion des Bildungssystems und Entstehung einer Wissensgesellschaft umschreiben mag. Es waren Konflikte zwischen Kapital und Arbeit, die lange Zeit die Sozialdemokratie und die mit ihr verbundenen Gewerkschaften vorrangig beschäftigt haben. Zu fragen ist, welche Politik die Sozialdemokratie betrieb zur Bewältigung der sozialen Frage, die von den Arbeitern als existentielle Unsicherheit, Ausbeutung und Abhängigkeit, doch auch als staatliche Repression erlebt wurde. Man kann weiter fragen, was zu den verschiedenen Zeiten als «soziale Frage» begriffen worden ist, auch welche Relevanz diese Frage heute noch hat – angesichts anderer Fragen wie der des Klimas, der Ökologie, doch auch der Migration und des Terrorismus.

2. Die Sozialdemokratische Partei ist stets mindestens ebenso eine politische wie eine soziale Bewegung gewesen. Damit aber sah sie sich mit den großen nationalen und anderen wichtigen politischen Fragen konfrontiert. Welche Rolle spielte die Partei, die sich internationalistisch gab, in der «verspäte-

ten Nation», im Hinblick auf den schwierigen Prozess der Nationalstaatsbildung, der durch Bismarcks Politik entschieden wurde, gegenüber dem Ersten Weltkrieg, dann gegenüber dem Versailler Vertrag und der Frage des erneuten Aufstiegs, später gegenüber der deutschen Teilung nach dem Zweiten Weltkrieg und der unerwarteten Wiedervereinigung 1989/90?

Verwoben damit war ihr Verhältnis zum Obrigkeitsstaat, ihre Bedeutung für die Durchsetzung der demokratischen Republik nach dem Ersten Weltkrieg und bei der Erarbeitung des Grundgesetzes und beim Aufbau der Bundesrepublik und später bei der Realisierung der Demokratie im vereinigten Deutschland. Keine Frage, dass sich die Geschichte der Demokratie in Deutschland nicht ohne Sozialdemokratie schreiben lässt.

Zur deutschen Geschichte des 20. Jahrhunderts gehören die beiden Weltkriege, insbesondere die «deutsche Katastrophe» der NS-Zeit, des Zweiten Weltkrieges und des Judenmordes in seiner Einzigartigkeit. Man hat vom besonderen «deutschen Weg», der in Krieg und Holocaust kulminierte, gesprochen. Inwieweit repräsentiert die Sozialdemokratie, die sich Hitler und dem «Dritten Reich» entgegengestellt hat, so etwas wie die virtuelle Gegengeschichte zum «deutschen Sonderweg»? Und wenn die deutsche Geschichte seit dem 19. Jahrhundert durch tiefe Brüche gekennzeichnet ist, inwieweit verkörperte sie Kontinuität, das Durchhaltende im Wandel?

In diesen Zusammenhang gehört auch die Frage, wie die Sozialdemokratie sich gegenüber dem «Osten», dem zaristischen Russland und dann der Sowjetunion auf der einen Seite und dem «Westen» (was immer man darunter verstand) und der «Westernisierung» auf der anderen Seite verhielt.

3. Zu betrachten ist auch die innere Entwicklung dieser politisch-sozialen Bewegung: die soziale Zusammensetzung, die Willensbildung, die Rolle von Führung und Funktionären, die Bedeutung der Zentrale und der regionalen Gliederungen, die Flügelbildung, die Programmatik und die konkrete Poli-

tik, die von ihr in Regierungen und anderen Mandaten und Ämtern geleistet wurde. Ein besonderes Thema sind dabei die Rezeption des Marxismus und seine Modifizierung und Relativierung, auch die weltanschauliche Grundlage und der Geschichtsglaube. Die Sozialdemokratie ist bis heute – ungleich stärker als die anderen Parteien – eine programmbewusste Partei; die programmatische Entwicklung ist deshalb von besonderem Interesse. Dies gilt aber auch für die politische Kultur, für die Umfelder, die der Partei nahestehenden Organisationen (im Kaiserreich und in der Zeit der Weimarer Republik die Arbeiterkulturorganisationen) und die ganze Zeit über für das Verhältnis zu den Gewerkschaften, die seit dem Zweiten Weltkrieg in einer die Richtungsgewerkschaften überwindenden Einheitsgewerkschaft organisiert sind.

Zu dieser Geschichte gehören auch die Abspaltung der kommunistischen Bewegung nach dem Ersten Weltkrieg und das von Anfang an höchst problematische Verhältnis von Sozialdemokratie und KPD, auch die 1946 – mit Mitteln des Zwangs und der Täuschung wesentlich mit herbeigeführte – Verschmelzung von SPD und KPD zur SED in der Sowjetisch Besetzten Zone, die das Verhältnis von SPD und SED, die innerhalb weniger Jahre zur kommunistischen Kaderpartei transformiert wurde, über Jahrzehnte bestimmte. Selbstverständlich ist auch von Interesse, welche Parteien und Gruppen in der SPD aufgegangen sind. Die SPD war keine Sammlungspartei, doch fanden Linksliberale, später auch das Gros der GVP den Weg in die SPD.

4. Die meiste Zeit war die SPD in ihrer Geschichte – jedenfalls auf gesamtstaatlicher Ebene – Oppositionspartei, bis auf einige Jahre in der Weimarer Republik (1918–1922 mit Unterbrechungen sowie 1928–1930), in der alten Bundesrepublik in den Jahren 1966–1982 und im vereinigten Deutschland 1998–2009. Die Schwierigkeit, an die Macht zu kommen und sich hier zu behaupten, ist deshalb besonders zu beachten. Die Lage der Partei in der Gesellschaft und im Parteiensystem muss dabei mitgedacht werden, auch das Verhältnis der Sozialdemokratie zu den anderen Parteien und zum je-

weiligen Regierungshandeln. Auch das Bild, das die anderen Parteien und die Öffentlichkeit von der Sozialdemokratie hatten, ist von Relevanz bis hin zu antisozialdemokratischen Strategien. Schließlich sind auch das Verhältnis zu den Schwesterparteien im benachbarten Ausland und ihre Rolle in der Sozialistischen Internationale bei dieser internationalistischen Partei zu beleuchten. Die Geschichte der deutschen Sozialdemokratie ist mit der Geschichte der europäischen Arbeiterbewegung verflochten.

Überblickt man von heute aus die bisherige Geschichte der deutschen Sozialdemokratie als Ganze, so lassen sich zwei etwa gleich große Teile unterscheiden, die durch die NS-Zeit getrennt werden, in der die SPD im Reich verboten war und nur in der Emigration weiter bestand – der Parteivorstand hielt sich in Prag und dann in London auf. Die Bedeutung der Zäsur ist näher zu bestimmen.

Am Ende gilt es, die Frage nach der sozialdemokratischen Identität heute und nach der Bedeutung der 150-jährigen Geschichte zu beantworten. Historiographisch steht die Arbeiterbewegung gegenwärtig nicht im Zentrum des Interesses, wie dies in den 60er und 70er Jahren der Fall war, was mit der Zeit ihrer größten Erfolge in der Nachkriegszeit zusammenfällt. Bei aller Unterschiedlichkeit zur damaligen Zeit erscheint es jedoch überfällig, den gegenwärtigen Diskussionsstand zu bündeln und dabei politik-, sozial- und kulturgeschichtliche Perspektiven zu verknüpfen.

II. Die formative Phase der Sozialdemokratie

Welche Ereignisse als Gründung der deutschen Sozialdemokratie zu betrachten sind, ist bis in die Gegenwart strittig und wird von richtungspolitischen Erwägungen mitbestimmt. Meist gilt heute der 23. Mai 1863, an dem der Allgemeine Deutsche Arbeiterverein (ADAV) in Leipzig gegründet wurde, als eigentlicher Gründungstag. Gewiss mit guten Gründen, doch sind zumindest die größeren Kontexte mitzusehen.

Die Gründung der sozialdemokratischen Partei erfolgte in einer Zeit, in der die Industrialisierung in Deutschland massiv eingesetzt hatte, damit die soziale Frage eine neue Ausformung erhielt, in der die «verspätete» deutsche Nationalstaatsbildung in ihre entscheidende Phase trat und auch der Übergang zum Verfassungsstaat mit parlamentarischen Beteiligungsformen auf der Tagesordnung stand, d. h. in einer Zeit, in der gerade in Deutschland sich verschiedene Probleme überlagerten.

Bemerkenswerterweise erfolgte die Gründung der sozialdemokratischen Partei deutlich früher als in den anderen europäischen Ländern, etwa als in England, Frankreich und Italien, was auf verschiedenartige politisch-gesellschaftliche Verhältnisse verweist.

Gründungsereignisse

Die Gründung der Sozialdemokratie ist einzuordnen in den mit Aufklärung und Französischer Revolution einsetzenden europäischen Emanzipationsprozess. Dabei mag man die Revolution von 1848/49 als Prolog, die 60er und 70er Jahre aber als formative Phase der deutschen Sozialdemokratie bezeichnen.

In der Revolution von 1848/49, in der die deutsche Staatenwelt mit ihrer Gesellschaft kräftig durchgeschüttelt wurde, ohne dass eine neue Struktur entstanden wäre, sich immerhin jedoch ein nationaler Kommunikationszusammenhang dauerhaft konstituierte, artikulierten sich verstärkt auch die im Vormärz oder in der Revolution entstandenen Arbeiter- und Arbeiterbildungsvereine, insbesondere auch auf Volksversammlungen. Im April 1848 entstand in Berlin das «Central-Comité der Arbeiter» unter Führung des Schriftsetzers Stephan Born, das für den 23. August einen «Allgemeinen Deutschen Arbeiter-Kongress» nach Berlin einberief. An diesem Tage wurde dann eine Föderation von Arbeitervereinen gegründet, die sich Allgemeine (Deutsche) Arbeiterverbrüderung nannte und als ihren Sitz Leipzig wählte. Sie verfocht als politisch-gesellschaftliche Reformbewegung allgemeine politische und soziale Ziele, versuchte aber auch die Unterstützungskassen für Gesellen und kleine Meister zusammenzuschließen. Mit der Reaktion entfielen die Voraussetzungen für die Arbeiterverbrüderung.

Mit der «Neuen Ära» in Preußen, beeinflusst auch von der italienischen Entwicklung, veränderte sich das Zeitklima. Eine neue Nationalbewegung entstand und mit ihr und teilweise verbunden mit ihr auch wiederum Arbeitervereine, die seit 1862 begannen, sich gegen die bürgerlich-liberale Bevormundung zu wehren, so dass sich die Forderung nach einem Zusammenschluss unabhängiger Arbeitervereine erhob. In dieser Konstellation bat die Mehrheit des Leipziger Komitees unter Führung des Schuhmachermeisters Julius Vahlteich und des Zigarrenarbeiters Friedrich Wilhelm Fritzsche den Publizisten Ferdinand Lassalle, der sich im Frühjahr 1862 in Reden und Publikationen «Über den besonderen Zusammenhang der gegenwärtigen Geschichtsperiode mit der Idee des Arbeiterstandes» geäußert hatte, um eine Stellungnahme zur Situation, die dieser am 1. März 1863 mit seinem «Offenen Antwortschreiben» gab, in dem er seine Ideen zur Verbesserung der politischen und sozialen Lage der Arbeiter darlegte, sich für unabhängige Arbeiterparteien aussprach, das allgemeine Wahlrecht und auch die Einrichtung von Arbeiterproduktionsgenossenschaften mit staatlicher Hilfe forderte. Der Zusammenschluss wurde am 23. Mai 1863 von den Delegierten aus elf Orten unter dem Namen «Allgemeiner Deutscher Arbeiterverein» gegründet und Ferdinand Lassalle zu dessen Präsidenten gewählt. Lassalle schwebte eine radikaldemokratische Bewegung vor, die er geradezu diktatorisch führte.

Der ADAV wuchs nicht so schnell, wie Lassalle angenommen hatte. Ende 1864 gehörten ihm ca. 4600 Mitglieder an. Gravierend war dann der frühe Tod Ferdinand Lassalles, der bei einem Duell um eine Frau starb – ein für einen demokratischen Arbeiterführer gewiss ungewöhnlicher Tod, der zwar keineswegs eine Verklärung und Mythisierung Lassalles beeinträchtigte, doch zu heftigen Auseinandersetzungen um seine Nachfolge führte, in denen sich Gruppen um die Gräfin von Hatzfeldt und um das Parteiblatt «Sozialdemokrat» bekämpften, sich schließlich aber Johann Baptist von Schweitzer, der zur letztgenannten Gruppe gehörte, durchsetzte. Erhebliche innere Spannungen zwischen zentralistischer Führung auf der einen Seite und den Demokratisierungstendenzen der Basis auf der anderen Seite belasteten den ADAV, der in Sachsen und im Rheinland regionale Schwerpunkte hatte. Probleme gab es auch mit vom ADAV initiierten Gewerkschaftsgründungen.

Neben dem ADAV gab es noch einen zweiten Gründungsstrang, der sich ebenfalls aus den Arbeitervereinen rekrutierte (VDAV), die mit dem linken Liberalismus verbunden blieben und ab 1868 eine Nähe zur demokratischen sächsischen Volkspartei aufwiesen. Auf dem Gründungskongress vom 7. bis 9. August 1869 entstand in Eisenach die Sozialdemokratische Arbeiterpartei (SDAP), die fortan die «Eisenacher» Richtung der Arbeiterbewegung genannt wurde. Diese Partei mit ihren Führungsfiguren August Bebel und Wilhelm Liebknecht hatte regionale Schwerpunkte in Sachsen, Thüringen, im Raum Nürnberg-Fürth, in der Region Braunschweig sowie Württemberg, während der ADAV in Norddeutschland, in preußischen Kerngebieten, Hamburg, Berlin und Rheinland weiterhin den Ton angab. Die SDAP forderte die Errichtung des freien «Volksstaates», auch das gleiche allgemeine direkte Wahlrecht, das wie beim ADAV mit weiteren politischen und sozialen Forderungen verbunden wurde. Deutlich unterschiedlich waren die Positionen in der nationalen Frage. Die Lassalleaner plädierten für eine preußisch-kleindeutsche, die Eisenacher für eine großdeutsch-föderative Lösung.

Das Verhältnis der beiden Parteien war Anfang der 70er Jahre durch eine scharfe Konkurrenz und Krawalle gekennzeichnet. Allerdings gerieten beide in Gegensatz zur Bismarckschen Reichsgründung und zur Bismarckschen Politik, als sie sich gegen die Annexion von Elsass-Lothringen aussprachen und für den Aufstand der Pariser Commune Partei ergriffen. Damit waren ADAV und SDAP staatlichen Repressionsmaßnahmen ausgesetzt. Diese Erfahrung, ein wachsender Einigungsdruck von der Basis her und die positiven Resultate bei Wahlbündnissen, erleichterten die Annäherung der beiden Parteien, die schließlich zum Gothaer Vereinigungsparteitag vom 23. bis 27. Mai 1875 führte. 74 Delegierte, die 15 322 ADAV-Mitglieder vertraten, und 56 Delegierte der SDAP, die 9121 Mitglieder repräsentierten, kamen zusammen, um die Sozialistische Arbeiterpartei Deutschlands zu gründen. Sie beschlossen ein gemeinsames Programm, in dem beide Richtungen sich wiedererkennen konnten. Die unterschiedlichen Positionen in der nationalen Frage waren durch die politische Entwicklung obsolet geworden. Das Programm, das Marx einer kritischen Polemik unterzog, forderte nicht weniger als «die Beseitigung aller politischen und sozialen Ungleichheit», erhob soziale Forderungen wie eine gesetzliche Arbeitszeitbegrenzung, Erhöhung der Löhne, Arbeitsschutzbestimmungen, ein Verbot von Kinderarbeit und ein uneingeschränktes Koalitionsrecht wie auch Vereins- und Versammlungsfreiheit. An politischen Forderungen enthielt das Programm das allgemeine gleiche Wahlrecht und die politische Demokratie mit einer plebiszitären Komponente.

Soziale Basis und politische Ziele

Die eigentlichen Träger des Gründungsprozesses waren in den 60er Jahren Handwerkergesellen und kleine Meister – so hat Thomas Welskopp gezeigt –, die nicht mehr die Rückkehr zu einer Zunftordnung als Ziel verfolgten, sich jedoch durch das Vordringen des Kapitalismus bedroht fühlten. Die Parteigründung resultierte nicht aus dem Versuch bloßer Interessenvertretung, sondern zielte auf eine neue demokratische Ordnung, in der die Handwerker als Bürger und Kleinproduzenten leben und wirken konnten. Der Arbeiter-Begriff war dabei ganz unspezifisch und weit gefasst. Als Arbeiter wurde die große Mehrheit der Handarbeitenden aufgefasst. Die Arbeiter waren das «eigentliche Volk». Von ihrer Entstehung her ist die Sozialdemokratie eine Volkspartei.

Die Lohnarbeit weitete sich rasch aus, doch bildeten auch in der Folgezeit Handwerker und industrielle Facharbeiter die Kerngruppe der Sozialdemokratie. Gewiss wurden im Laufe des 19. Jahrhunderts auch die Massen ungelernter Arbeiter durch die Sozialdemokratie erreicht, doch blieben Handwerker und Facharbeiter unter den führenden Sozialdemokraten auffällig häufig vertreten – über das 19. Jahrhundert hinaus. Man denke an Persönlichkeiten wie August Bebel, Wilhelm Hasenclever, Friedrich Ebert, Wilhelm Keil, Otto Wels oder Paul Löbe. Viele Arbeiter waren jedoch nur für gewerkschaftliches Handeln, Streiks und Protestverhalten zu gewinnen.

Allerdings gehörten auch von Anfang an bürgerliche Intellektuelle mit akademischer Bildung hinzu, die teilweise eine führende Rolle spielten. In der Frühphase zu nennen sind Ferdinand Lassalle, Johann Baptist von Schweitzer oder auch Wilhelm Liebknecht.

In der Gründungsperiode der 60er Jahre spielten in der sich formierenden Arbeiterbewegung etliche «1848er» noch eine Rolle; sie verkörperten ein Stück weit die Verbindung der Gründer mit der Revolution von 1848. Die Mehrzahl der in der Gründungsperiode Engagierten war jedoch wie August Bebel jünger (Jahrgang 1840), wie überhaupt die Sozialdemokratie in der Gründungsperiode überwiegend eine Partei der Jungen war.

Manche frühen Sozialdemokraten – Handwerker wie Intellektuelle – waren mit dem politisch-intellektuell fortgeschritteneren Westen in Berührung gekommen und fungierten deshalb als Mittler von Ideen aus dem Westen. Doch mit der raschen Industrialisierung begann auch ein Prozess der Homogenisierung der Arbeiter, was einen Klassenbildungsprozess erleichterte, der jedoch nicht naturwüchsig erfolgte, sondern Ergebnis von Bestrebungen der Arbeiterbewegung war, deren politische Ziele allerdings noch keineswegs unstrittig waren.

Nicht nur nationalpolitisch und organisationspolitisch, sondern auch in theoretischen Fragen gab es Unterschiede zwischen beiden Richtungen. So vertrat Lassalle sein «ehernes Lohngesetz», nach dem die Löhne niemals die Höhe überstiegen, die zum Überleben des Proletariats nötig seien – ein Gesetz, das die Eisenacher nicht bejahten und das gleichwohl in das Gothaer Programm aufgenommen wurde.

Entscheidend war, dass die frühe Sozialdemokratie Forderungen kombinierte, die zum einen Demokratie durchzusetzen suchten – allgemeines Wahlrecht, Volksgesetzgebung, Geschworenengerichte, Presse-, Vereins- und Koalitionsfreiheit –, auf der anderen Seite aber die Lage der arbeitenden Bevölkerung verbessern sollten, etwa durch die Einführung des Normalarbeitstages, Verbot der Sonntags- und der Kinderarbeit, Schutzgesetze für Leben und Gesundheit der Arbeiter, die Förderung von Produktivgenossenschaften u. a. So war die Sozialdemokratie demokratische Volkspartei, die die Traditionen der Revolution von 1848 weiterführte, die auch symbolisch gepflegt wurden, doch auch Partei des Vierten Standes, der insbesondere die soziale Frage lösen wollte.

Mit der Spannung zwischen dem umfassenden «theoretischen» Entwurf zur Gesellschaftsveränderung (Befreiung der Arbeiter und der Arbeiterklasse im Gothaer Programm) und einer Vielzahl von konkreten Reformforderungen deutet sich ein weiterer Grundzug der Sozialdemokratie an: der Gegensatz zwischen Utopie und konkretem Reformismus.

Verfrühte Ablösung vom Liberalismus?

Im internationalen Vergleich fallen zwei deutsche Besonderheiten auf: Zum einen ist die Gründung einer Partei besonders früh im Vergleich zu den meisten anderen Ländern, in denen sich eine vom Liberalismus unabhängige politische Partei der Arbeiter erst Ende des Jahrhunderts oder danach herausbildete. Zum anderen ging die Gründung der Partei hier der der Gewerkschaften voraus; die politische Seite dominierte. Die Gewerkschaften wurden überwiegend von den Parteien gegründet, begannen dann aber, sich schrittweise zu verselbständigen.

Ursachen wird man u. a. darin sehen können, dass die deutschen ökonomisch-gesellschaftlichen Verhältnisse bis in die 50er Jahre des 19. Jahrhunderts gegenüber dem Westen eher rückständig waren. Sie wurden in erheblichem Maße durch die semi-autoritären, monarchisch-konstitutionellen Staaten bestimmt, die sich dementsprechend nur durch politisches Handeln umgestalten ließen. Zugleich wurden politische Ideen des Westens rezipiert, so dass sich Hinweise auf eine politisch-intel-

lektuelle «Frühreife» feststellen lassen, die auch in der Sozialdemokratie zum Ausdruck kamen. Zu den Hemmnissen gehörte
auch die besondere Geschichte des Bürgertums, insbesondere
die relative Schwäche der liberalen Bourgeoisie. Das Bürgertum
hatte erkennbar Mühe, seine Interessen gegenüber den traditionellen Führungsschichten durchzusetzen. Politisch war das Bürgertum, insbesondere die bürgerliche Demokratie, durch das
Scheitern der Revolution von 1848/49 nachhaltig geschwächt.
Das Bürgertum akzeptierte zunehmend die von Bismarck bestimmten Strukturen. Die Rolle der bürgerlichen Demokratie
musste deshalb von den Sozialdemokraten ausgefüllt werden.

In dieser Konstellation betrachtete sich die deutsche Sozialdemokratie als Erbin der Revolution von 1848. Sie übernahm die
Doppelaufgabe der weitgehenden Umgestaltung von Staat und
Gesellschaft. Sie war die Partei des demokratischen und sozialen Reformverlangens. Doch gerade angesichts der politisch-so-
zial-kulturell hochgradig fragmentierten politischen Kultur, in
der die Gleichzeitigkeit des Ungleichzeitigen, traditionaler und
moderner Momente, des Fortbestehens überkommener staatlicher und regionaler Unterschiede und das Nebeneinander ge-
gensätzlicher sozialmoralischer Milieus kennzeichnend waren,
konnte die demokratisch-soziale Partei mit ihren vielfach noch
nicht endgültig geklärten Positionen vom Obrigkeitsstaat nicht
einfach akzeptiert werden, wie die Verfolgung der Sozialdemokratie unter Bismarck nach 1878 zeigt.

Die Verfolgung durch den Obrigkeitsstaat

Die Sozialdemokratie stand der Bismarckschen Politik 1870/71
ablehnend gegenüber und wurde zur systemkritischen Opposition. In seiner ersten großen Reichstagsrede am 25. Mai 1871
betonte August Bebel in einer Debatte, in der es um die Annexion Elsass-Lothringens und um die – von ihm als Aufbruch einer
neuen Zeit betrachteten – Pariser Kommune ging, die demokra-
tisch-republikanischen Positionen der Sozialdemokratie und die
Ablehnung der monarchischen Staatsform, was retrospektiv
von Bismarck als seine Schlüsselerfahrung mit der Sozialdemo-

kratie bezeichnet worden ist, die ihn vom staatsgefährdenden, umstürzlerischen Charakter der Sozialdemokratie überzeugte. Zwei Attentate, die auf Kaiser Wilhelm verübt und – fälschlicherweise – der Sozialdemokratie angelastet wurden, nahm Bismarck zum Anlass, eine Kampagne gegen die Sozialdemokratie zu starten und das «Gesetz gegen die gemeingefährlichen Bestrebungen der Sozialdemokratie» in den Reichstag einzubringen, das dieser im Oktober 1878 verabschiedete und das zunächst für drei Jahre galt, doch dreimal verlängert und erst im September 1890 aufgehoben wurde.

Auf der Basis des Gesetzes wurden die Parteiorganisation und die ihr nahestehenden Gewerkschaften sowie ihre Zeitungen und Zeitschriften verboten. Zahlreiche Sozialdemokraten wurden als «Personen, von denen eine Gefährdung der öffentlichen Sicherheit zu besorgen ist», aus ihren Wohnorten und Bezirken ausgewiesen. Zudem wurden gegen Sozialdemokraten zahlreiche Gefängnisstrafen verhängt, wegen Vergehen gegen das Gesetz oder wegen Majestätsbeleidigung. Allerdings konnte sich die Sozialdemokratie aus Verfassungsgründen weiterhin an Reichstagswahlen beteiligen und Abgeordnete stellen. Nach einer kurzen Phase des Rückgangs der Stimmen nahm die Zustimmung bei den Reichstagswahlen wieder zu, eine Ausschaltung der Sozialdemokratie gelang Bismarck nicht.

Folge des Gesetzes war die Ächtung und Ausgrenzung der Sozialdemokratie, die strafrechtliche Überhöhung politischer und sozialer Gegensätze, mit beträchtlicher Nachwirkung auch in der Zeit, als das Verbot aufgehoben wurde. Die Sozialdemokraten galten lange Zeit als «Reichsfeinde» und «vaterlandslose Gesellen».

Die Sozialdemokraten, die während der Verfolgung ein Netz von Untergrund- und Ersatzorganisationen und eine Auslandszentrale gründeten, um die Arbeit weiterzuführen, reagierten mit Verbitterung auf die staatlichen Maßnahmen; ihre Distanz zur politischen Ordnung wuchs weiter. Noch in Bebels Erinnerungen klingt etwas von der Erbitterung über die Ausweisungen an: «Daß man uns wie Vagabunden und Verbrecher ausgewiesen und ohne gerichtliche Prozedur von Weib und Kind gerissen hatte, empfand ich als tödliche Beleidigung, für die ich Vergeltung geübt, hätte ich die Macht gehabt.»

Die grundsätzliche Opposition der Partei verfestigte sich unter dem Sozialistengesetz. Auf dem Exilparteitag in Wyden/Schweiz 1880 strich man das Wort «gesetzlich» im Hinblick auf die eigene Arbeit aus dem Gothaer Programm, was wohl heißen sollte, dass man die Arbeit trotz der Verbote weiterführte. Nachhaltige Bedeutung hatte auch, dass während der Verbotsperiode die Partei, wichtige Repräsentanten und Parteiintellektuelle den Marxismus rezipierten, weil er die «wissenschaftliche» Gewissheit zu liefern schien, dass ungeachtet aller Unterdrückungsmaßnahmen Arbeiterklasse und Sozialismus siegen würden. Der Marxismus eröffnete gleichsam eine heilsgeschichtliche Perspektive und fungierte ein Stück weit als säkularisierte Religion bzw. Religionsersatz. Gleichzeitig aber setzten die Reichstagsabgeordneten ihre parlamentarische Reformarbeit fort, so dass sich einerseits die Theorie radikalisierte, andererseits aber konkrete Reformarbeit die Praxis bestimmte, mit der Konsequenz der Verstärkung der Theorie-Praxis-Spannung der sozialdemokratischen Politik.

Auf jeden Fall aber trug die Verfolgungspolitik zur sozialdemokratischen Milieubildung bei, da die Sozialdemokraten sich gegenseitig unterstützen mussten, wozu Netzwerke und Kommunikation nötig waren.

Nach der Beendigung des Sozialistengesetzes setzte sich zunehmend die Vorstellung durch, dass letztlich nichts, auch keine Verfolgungen, die Sozialdemokratie aufhalten könnten. Die Sozialdemokratie begann zunehmend, die Zeit als heldenhaften Kampf zu verklären und zu mythisieren. Sie wurde wichtiger Teil des eigenen Selbstverständnisses und der historischen Legitimation des eigenen Handelns.

Aus der Gründungsphase, an die sich die Verfolgung durch das Sozialistengesetz anschloss, nahm die SPD eine Reihe von Prägungen mit, die lange nachwirkten:
– Sie entstand und entwickelte sich als systemkritische Oppositionspartei,
– ihre Ziele enthielten eine Stoßrichtung gegen den bürgerli-

chen Liberalismus, was Bündnisse mit den liberalen Parteien erschwerte; zugleich aber war sie die einzige Partei mit konsequent demokratischer Zielsetzung,

– sie war Volkspartei unter Einschluss einiger bürgerlicher Elemente und Partei der sich in der Industrialisierung herausbildenden Arbeiterklasse zugleich,

– sie verknüpfte eine Zielsetzung, die eine grundlegende revolutionäre Umgestaltung der Gesellschaft verlangte, mit einer letztlich dominierenden reformistischen Praxis,

– in ihrer Orientierung verband sich internationalistische Haltung mit patriotischer Gesinnung.

Auf jeden Fall trugen die Entstehung und frühe Entwicklung der Sozialdemokratie und die Reaktion von Politik und Gesellschaft, nicht zuletzt Bismarcks Politik – trotz der gleichzeitigen zukunftsweisenden Sozialgesetzgebung – dazu bei, dass die innere Reichsgründung misslang und das Reich von Anfang an erhebliche innere Spannungen aufwies.

III. Die Herausbildung der sozialdemokratischen Massenpartei

Parteiorganisation, Wahlentwicklung und Rolle im politischen System

Nach dem Auslaufen des Sozialistengesetzes und dem verstärkten Einsetzen wirtschaftlichen Wachstums Mitte der 90er Jahre des 19. Jahrhunderts wuchs die Sozialdemokratische Partei, zunehmend auch die Gewerkschaftsbewegung, wie man an der Mitgliederentwicklung und an der Wahlentwicklung ablesen kann, die die Sozialdemokratie zur größten deutschen Partei im Kaiserreich machten, deren Einfluss freilich – wie ausländischen Beobachtern besonders auffiel – im monarchisch-konstitutionellen System, in dem die Parteien im Vorhof der Macht ihren Platz hatten, begrenzt blieb.

Hatte die Partei nach der Vereinigung der Lassalleaner und der Eisenacher 1876 etwa 38 000 Mitglieder gehabt, so war sie tendenziell unter dem Sozialistengesetz gewachsen, so dass 1890 ca. 100 000 Menschen der SPD angehört haben dürften. Bis 1907 erreichte die Mitgliederzahl etwa 500 000, eine Zahl, die sich bis zum Ersten Weltkrieg noch einmal verdoppelte (1914 ca. 1,1 Millionen Parteimitglieder, 2,5 Millionen Gewerkschaftsmitglieder). Durch die hohen Mitgliederzahlen war der Anteil der Parteimitglieder unter den Wählern ungewöhnlich hoch, was eine große Bedeutung der Bindung von Anhängern an die Sozialdemokratie erkennen lässt.

Imponierend war auch die Wahlentwicklung – ungeachtet fortdauernder politisch-gesellschaftlicher Diskriminierung: 1877 hatten 0,5 Millionen, d. h. 9,1 %, 1890 bereits 1,4 Millionen, d. h. 19,7 % der Wähler, und 1912 gar 4,25 Millionen, das bedeutete 34,8 %, mehr als ein Drittel der Wähler, die Sozialdemokratische Partei bei den Reichstagswahlen gewählt.

Die Partei besaß Regionen mit überdurchschnittlicher Repräsentanz (Hochburgen), war in anderen Regionen aber unterdurchschnittlich vertreten. 1875 hatte die Partei Schwerpunkte in protestantischen Industriebezirken mit handwerklichen Traditionen, erreichte jedoch bestimmte Gruppen, wie die Arbeiter der Schwerindustrie, nur unzureichend und noch weniger die Landarbeiter. Nach 1890 gab es regionale Schwerpunkte in Hamburg, Bremen, Lübeck, Schleswig-Holstein, Berlin, Anhalt, Sachsen und Thüringen, unterdurchschnittlich vertreten war die Partei in Ost- und Westpreußen, Elsass-Lothringen und im Saarland. Sie tat sich weiterhin schwer in katholischen und agrarischen Gebieten. Die Parteimitglieder kamen mehr aus den Bereichen Bau, Metallverarbeitung und Maschinenbau als aus den Bereichen Bergbau, Eisen/Stahl-Erzeugung, Textil und Nahrung. Der Parteieintritt wurde offensichtlich erleichtert durch Wohnen in einem Arbeiterviertel, durch handwerkliche Ausbildung und Kommunikation am Arbeitsplatz. Die Mitglieder waren zu Beginn der 90er Jahre überwiegend relativ jung: 34,6 % waren 21–30 Jahre alt, 23,3 % 41–60 (Helga Grebing). Eindeutig unterrepräsentiert waren Frauen, auch noch als das Vereinsgesetz Parteimitgliedschaften für Frauen 1908 erlaubte.

Sozialdemokratische Hochburgen waren Städte mit hohem Arbeiteranteil, Hamburg z. B., wo die Sozialdemokratie bei Wahlen schon 1884 auf mehr als 50 % stieg und seit 1898 mehr als 60 % erzielte. In Sachsen wurden 1903 bereits 58,5 % erreicht, in Berlin stieg der Anteil von 39,2 % 1877 auf 75,3 % im Jahre 1913. Zuwächse wurden auch in Sachsen, in Westfalen und im Rheinland erzielt. Dennoch wurden vor dem Ersten Weltkrieg bereits Grenzen des Wählerwachstums erkennbar, die die sozialdemokratische Erwartung, mehr als 50 % erreichen zu können, in weite Ferne rückten. Als schwierig erwies sich das Eindringen in die Schwerindustrie und in Bereiche, in denen ungelernte Arbeitermassen vorherrschten, wenn auch die großen Bergarbeiterstreiks an der Ruhr in diesem größten schwerindustriellen Gebiet die Sozialdemokratie Fuß fassen ließen. Als schwer zugänglich erwiesen sich katholische Arbeiter, die vielfach vom Zentrum gebunden wurden. Die Religionsfrage war für konfessionell gebundene Arbeiter ein Hindernis: Die Nähe der Sozialdemokratie zur Freidenkerbewegung und die Leugnung der öffentlichen Rolle der Kirchen bildeten eine Barriere und führten mit zur Kampfansage der Kirchen, die ihrerseits – wie die evangelischen Kirchen – eng mit dem Obrigkeitsstaat verbunden waren und eine beträchtliche Distanz zu den Ideen von 1789 und der modernen Demokratie pflegten. Als Zielgruppe nicht wirklich angesprochen wurden die Landarbeiter, war die SPD eben doch an die Industrialisierung gebunden; auch die marxistische Ideologie setzte auf das industrielle Proletariat.

Innerhalb des Parteiensystems blieb die Sozialdemokratie trotz ihres enormen Wachstums bzw. gerade deshalb – ihr Aufstieg rief Sorgen und Ängste im bürgerlichen Lager hervor – weitgehend isoliert. Die Sozialdemokraten blieben auch in der Wilhelminischen Zeit stigmatisiert als Kraft, die die Ordnung bedrohte, und als Partei der «vaterlandslosen Gesellen», was in einer Zeit des Nationalismus ein schwerwiegender Vorwurf war. Antisozialdemokratische Bündnisse blieben dementsprechend an der Tagesordnung. Sie wirkten sich bei Reichstagswahlen – abgesehen von der Ungleichheit der Wahlkreise – in den Stichwahlen zu Ungunsten der SPD aus, die deutlich weniger Kandidaten durchsetzen konnte, als ihr nach dem ersten Wahlgang zugestanden hätten.

Immerhin gab es einige Tendenzen in den süddeutschen Einzelstaaten, die schroffe Ausgrenzung der Sozialdemokratie aufzugeben und sogar Bündnisse mit ihr nicht mehr auszuschließen. Dies gilt für den Versuch 1910/12 in Baden, einen Block von Bebel bis Bassermann zu bilden. Auch lehnten die Sozialdemokraten in Bayern vor dem Ersten Weltkrieg nicht mehr per se den Haushalt des Landes ab. Hier verhielten sich Liberalismus wie Sozialdemokratie, die hier stärker politisch-reformerische Ansätze verfolgte, anders als in Norddeutschland. Auch mehrten sich unter aufgeklärten bürgerlichen Zeitgenossen – etwa im akademischen Bereich – Stimmen, die für eine differenzierte Beurteilung der Sozialdemokratie eintraten.

Das Wachsen der Partei hatte die Herausbildung einer Parteiorganisation zur Konsequenz, die umfassender und moderner war als die der bürgerlichen Parteien, zugleich aber die spezifische Lage der deutschen Sozialdemokratie reflektierte. Die sozialdemokratische Partei entwickelte sich als Partei, die die Mitglieder auf vielfältige Weise einbezog, etwa durch Mitgliederversammlungen, Zahlabende, durch Feste, durch ein eigenes Pressewesen – die Sozialdemokratie baute schon im Kaiserreich Parteizeitungen auf, 1912 existierten 94 mit einer Gesamtauflage von 1,4 Millionen. Die durch Ausgrenzung mitverursachte Intensität der Binnenkommunikation, die auch eine gewisse Partizipation der Mitglieder an den politischen Entscheidungsprozessen, zumindest durch die Wahl von Delegierten für die Parteitage, einschloss, hatte eine Identifikation mit der Partei zur Folge. Sie war für viele «Heimat» oder auch «Familie», die Loyalität band und Engagement freisetzte. Die Partei besaß deshalb für viele Mitglieder einen hohen Rang, sie wurde im Grunde zunehmend sozialer Selbstzweck.

Der Aufbau der Partei war eine beachtliche organisatorische Leistung, die freilich schon in der Wilhelminischen Zeit unter dem Stichwort «Oligarchisierung» kritisch diskutiert wurde.

Die Partei verfügte vor dem Ersten Weltkrieg über verschiedene Ebenen, von der kleinsten Einheit vor Ort über den Stadtverband bis zur Bezirks- und zur Reichsebene. Für die Partei arbeiteten zahlreiche ehrenamtliche Funktionäre. Doch war seit den 90er Jahren ein Apparat von hauptamtlichen Funktionären entstanden, zu denen die Parteiintellektuellen gehörten, die für die Parteizeitschriften schrieben, die Chefredakteure der sozialdemokratischen Blätter sowie ca. 150–200 weitere besoldete Mitarbeiter, die die Organisationsarbeit leisteten. Hinzu kamen ca. 1000 Funktionäre, die unterschiedlich abgesichert waren, in den Suborganisationen der Partei, als einfache Redakteure oder als Gewerkschaftsfunktionäre. Eine wichtige Rolle vor Ort spielten die vielen Gastwirte der Sozialdemokratie.

Gewiss waren die Einkommen der Funktionäre – so Helga Grebing – höher als die der Arbeiter. Und doch sind «Oligarchisierung» oder «Verbürgerlichung», die schon vor dem Ersten Weltkrieg in der Publizistik diskutiert wurden, überschätzt worden. Allerdings veränderte sich der Typus des Parteiarbeiters von der Generation Bebel zur Generation Ebert. Letztere waren tüchtige Funktionäre, die auch ihre Positionen vertreten konnten, doch nicht mehr vom Gedanken einer politischen Mission erfüllt waren wie die Vertreter der Gründergeneration, als deren wichtigster Repräsentant Bebel zu betrachten ist.

August Bebel wurde in den Jahrzehnten vor dem Ersten Weltkrieg zum charismatischen Führer, der sich in apodiktischer Redeweise mit den Problemen der Gegenwart auseinandersetzte, doch auch als Künder des Zukunftsstaates auftrat – schon in seinem Buch «Frau und Sozialismus» (1879) hatte er seine Utopie einer Zukunftsgesellschaft entwickelt, in der nur noch drei Stunden täglich gearbeitet werden sollte. Für viele Arbeiter war er geradezu ein Heiland, sein Porträt zierte viele Arbeiterwohnungen, dem Kaiser vergleichbar, was ein Bedürfnis nach Verehrung erkennen lässt. August Bebel war vor dem Ersten Weltkrieg Symbolgestalt und Integrator der Partei zugleich. Bebel, der keineswegs ein Dogmatiker war, verkörperte gleichermaßen revolutionäre Erlösungshoffnung wie pragmatisches gegenwartsbezogenes Handeln.

Gesellschaftliche Lage und Arbeiterkulturbewegung

Zwar machte der Klassenbildungsprozess im Sinne einer Homogenisierung seit den 90er Jahren Fortschritte, doch gab es zugleich Differenzierungsprozesse, etwa durch neue Industrien und die Entstehung von Dienstleistungsberufen. Die Zustimmung zur Sozialdemokratie bei Wahlen kann man als Indikator dafür sehen, dass ein wachsender Teil der Arbeiter sich mit ihr identifizierte oder doch zumindest von ihr vertreten fühlte.

Die Lage der sozialdemokratischen Arbeiter war durch eine Ambivalenz gekennzeichnet: Einerseits strebten sie nach einer neuen Gesellschaft, andererseits versuchten sie, die vorhandene konkret zu verbessern und an ihr teilzuhaben. Symptomatisch für diese Ambivalenz, die Ausgrenzung und Teilhabe gleichermaßen spiegelte, sind die Organisationen im Umfeld der Partei, die Gewerkschaften, das Genossenschaftswesen (die Konsumgenossenschaften u. a.) und mehr noch die Arbeiterkulturorganisationen. Gegründet wurde 1896 der zentrale Bildungsausschuss, der die Bildungsarbeit der Partei ausbaute. Geschaffen wurde in dieser Zeit die Parteischule, an der prominente Sozialdemokraten Funktionäre für ihre Tätigkeit bildeten. Es entstand auch die Arbeiterjugendbewegung. Vor allem aber wurden seit 1890 eine ganze Reihe von mit der Sozialdemokratie verknüpften Sport- und Freizeitorganisationen gegründet: u. a. der Arbeiter-Turn- und Sportbund (seit 1897), der Arbeiter-Radfahrer-Bund Solidarität (1896), der Arbeiter-Schwimmbund (1897), der Freie Deutsche Ruderverband (1899), der Deutsche Arbeiter-Sängerbund (1892), Die Naturfreunde (1895), der Arbeiter-Samariter-Bund (1909), der Arbeiter-Schachbund (1912), der Deutsche Arbeiter-Abstinentenbund (1903) sowie der Verein der Freidenker (1905).

Man hat gemeint, dass diese Organisationen praktisch das Arbeiterleben von der Wiege bis zur Bahre ständig begleitet hätten. Doch standen die vielfältigen Vereinsvarianten nur in den Hochburgen der Sozialdemokratie zur Verfügung. Und ganz geschlossen war das «System» auch nicht; man denke an die Schule, an den Militärdienst und auch an die Arbeit in der Fabrik.

Doch keine Frage, dass eine weitgehende Integration angestrebt wurde.

Teilweise waren diese Organisationen, wie auch der Kulturbegriff der Sozialdemokratie im engeren Sinne, an der bürgerlichen Kultur orientiert, die freilich adaptiert wurde, etwa durch die Auswahl von Dichtern des Idealismus, die – wie Schiller – hoch geschätzt wurden, während man andere ausblendete. Eigene Akzente versuchte auch die Arbeitersportbewegung zu setzen, indem sie den Wettkampfgedanken stärker zurückzudrängen versuchte, was freilich nur teilweise gelang. Aufs Ganze gesehen, handelte es sich zwar teilweise um eine Gegenkultur, jedoch ebenso um eine mit der Sozialdemokratie und der bürgerlichen Kultur verbundene Subkultur.

Von der Zusammensetzung her war die Sozialdemokratie im Kaiserreich eine Partei der Arbeiter, die freilich Resonanz auch bei Lehrern, Intellektuellen, teilweise auch Rechtsanwälten, von denen manche jüdischer Herkunft waren, fanden.

Das Erfurter Programm und der Richtungsstreit

Im Oktober 1891 verabschiedete der Erfurter Parteitag ohne große Diskussion das – nach dem Tagungsort benannte – Grundsatzprogramm der Sozialdemokratie, das zu den «klassischen» Grundsatzprogrammen der deutschen und der europäischen Arbeiterbewegung zählt. Oft hervorgehoben worden ist die Zweiteilung des Programms: Der erste von Karl Kautsky verfasste Teil enthält eine theoretische Grundlegung sozialdemokratischer Politik, der zweite aus der Feder Eduard Bernsteins einen ganzen Forderungskatalog für Reformen und Maßnahmen mit demokratischer Zielrichtung sowie zum Schutze der arbeitenden Bevölkerung.

Im ersten Teil wird eine Analyse der Gesellschaft geliefert, nach der «mit Naturnotwendigkeit» der Kapitalkonzentrationsprozess zu einem Verschwinden des Kleinbetriebs und des Mittelstandes und damit zu einer wachsenden Proletarisierung führen werde, die ihrerseits Klassenkämpfe und Krisen der kapitalistischen Produktionsweise zur Folge habe. Eine Lösung könne nur in der Vergesellschaftung der Produktionsmittel liegen, was nicht nur die Befreiung des Proletariats, sondern die «des gesamten Menschengeschlechts, das unter den heutigen Zuständen leidet», bewirken werde. Die deshalb nötige Auseinandersetzung sei ein politischer Kampf, der nicht zu führen sei, wenn die Arbeiterklasse nicht in den Besitz der politischen Macht gelange. Damit waren historische Aufgabe und Strategie der Sozialdemokratie in groben Zügen umrissen: «Die Sozialdemokratische Partei Deutschlands kämpft nicht für neue Klassenprivilegien und Vorrechte, sondern für die Abschaffung der Klassenherrschaft und der Klassen selbst und für gleiche Rechte und Pflichten aller ohne Unterschiede des Geschlechts und der Abstammung.» Dieser Teil war zweifellos Marx und Engels in dem wissenschaftlich eingekleideten Heilsversprechen verpflichtet, vergröberte jedoch deren Lehre unübersehbar, indem er auf die Marx'sche Dialektik verzichtete.

Die anschließenden Forderungen waren die der demokratischen und sozialen Reformpartei. Gefordert wurden u. a. das allgemeine, gleiche direkte Wahlrecht für alle über 20 Jahre alten Reichsangehörigen «ohne Unterschied des Geschlechts» für alle Wahlen; direkte Gesetzgebung durch das Volk «vermittels des Vorschlags- und Verwerfungsrechts»; Selbstverwaltung in Reich, Staat, Provinz und Gemeinde; Volkswehr an Stelle der stehenden Heere und Erziehung zur Wehrhaftigkeit; Abschaffung aller Gesetze, welche die Frau in öffentlich-privatrechtlicher Beziehung gegenüber dem Mann benachteilige; Erklärung der Religion zur Privatsache, Weltlichkeit der Schule und Unentgeltlichkeit des Unterrichts; stufenweise steigende Einkommens- und Vermögensteuer zur Bestreitung aller öffentlichen Ausgaben und Abschaffung indirekter Steuern. Dies ist in mancher Hinsicht ein radikaldemokratisches, doch kaum ein sozialistisches Programm, wie auch die anschließenden Forderungen zum Schutz der Arbeiterklasse zeigen: eine wirksame nationale und internationale Arbeitsschutzgesetzgebung (wozu auch Arbeitszeitfragen gehören), Sicherstellung des Koalitionsrechtes sowie Übernahme der gesamten Arbeiterversicherung durch das Reich «mit maßgeblicher Mitwirkung der Arbeiter an der Verwaltung».

Charakteristisch war das Nebeneinander einer Theorie, die den Zusammenbruch der kapitalistischen Gesellschaft und die Entstehung einer sozialistischen Gesellschaft sowohl prognostizierte als auch tatkräftig herbeiführen wollte auf der einen Seite und Forderungen nach einer radikaldemokratischen Reformpolitik auf der anderen Seite. Was im Programm nebeneinander formuliert war, stand für viele Sozialdemokraten wohl in einem gegenseitigen Bedingungsverhältnis: der Glaube an die Utopie einer neuen Gesellschaft und konkrete Politik zur Veränderung der Verhältnisse, beide zusammengehalten durch die Überzeugung, dass sie die sozialdemokratische Bewegung, die Parteiorganisation und ihre Rolle in den Parlamenten stärkten. Gleichwohl entwickelte sich über die Interpretation des Programms und die einzuschlagende Strategie erheblicher Streit. Dabei wurde die Unentschiedenheit des Programms gleich von links wie von rechts kritisiert.

Der bayrische SPD-Vorsitzende Georg von Vollmar forderte schon in den frühen 90er Jahren einen entschiedenen Reformismus. Seit dieser Zeit setzten sich auch verstärkt sozialdemokratische Gewerkschafter für Maßnahmen wie kollektive Tarifverträge ein, die die Lebenssituation der arbeitenden Menschen verbesserten. Auch das Genossenschaftswesen und die sozialdemokratische Kommunalpolitik wirkten in die gleiche Richtung. Man kann für die Zeit seit der Jahrhundertwende von einem «praktizistischen Reformismus» reden, der nicht unbedingt eine Verknüpfung mit grundsätzlichen marxistischen Überzeugungen und sozialistischen Utopien ausschloss, doch die Tendenz enthielt, die damaligen politischen Verhältnisse als Grundlage von Politik anzuerkennen.

Schon 1899 erklärte Carl Legien, der Vorsitzende der Generalkommission der Freien Gewerkschaften, auf dem Gewerkschaftskongress: «Gerade wir, die gewerkschaftlich organisierten Arbeiter, wünschen nicht, daß es zum sogenannten Kladderadatsch kommt und daß wir genötigt sind, auf den Trümmern der Gesellschaft Einrichtungen zu schaffen, gleichviel ob sie besser oder schlechter sind wie die jetzigen. Wir wünschen den Zustand der ruhigen Entwicklung.»

Von diesem praktischen Reformismus ist der «Revisionismus» Eduard Bernsteins zu unterscheiden, der marxistische Theorien mit den Entwicklungen seiner Zeit konfrontierte und sie damit in Frage stellte, etwa die Vorstellungen sich stetig verschärfender Krisen, der wachsenden Verelendung der Arbeiterschaft, der Auflösung der Mittelschichten usw. Bernstein forderte in einer Artikelserie in der «Neuen Zeit» («Probleme des Sozialismus» 1896/97) und in seinem Buch «Die Voraussetzungen des Sozialismus und die Aufgabe der Sozialdemokratie» nicht nur die Revision dieser marxistischen Theorien, die letztlich auf eine bevorstehende große soziale Katastrophe und einen naturnotwendigen Zusammenbruch des Kapitalismus hinausliefen, sondern auch die Veränderung des Selbstverständnisses der sozialdemokratischen Partei, die realiter eine «demokratisch-sozialistische Volkspartei» sei. Aus Bernsteins Sicht war ein Hineinwachsen in den Sozialismus möglich.

Bernsteins Thesen wurden von den Intellektuellen der Partei mit großer Leidenschaft diskutiert und auf mehreren Parteitagen, zuletzt 1903, verworfen. Die Mehrheit der Partei wollte die Vorstellung einer gesetzmäßigen Entwicklung zum Sozialismus, die eine Phase sozialer Revolution zu durchlaufen hatte, nicht aufgeben. Bernsteins Positionen wurden in der Sozialdemokratie trotz ihrer empirischen Evidenz abgelehnt, haben sich längerfristig jedoch immer mehr durchgesetzt, vollständig nach dem Zweiten Weltkrieg.

Kritisiert wurde die Unentschiedenheit der Sozialdemokratie auch von der Linken der Partei, die «revolutionären Klassenkampf» forderte, um den Sozialismus durchzusetzen. Nach der russischen Revolution 1905 entwickelte sich eine Debatte um den Massenstreik als politisches Mittel. Rosa Luxemburg forderte, revolutionäre Veränderung durch eine Reihe von Massenstreiks zu bewirken. Auch Bernstein konnte sich den Massenstreik als politisches Mittel vorstellen, dachte dabei aber an einen Verteidigungsstreik bei Angriffen auf demokratische Rechte. Doch der Einsatz von Streiks als politisches Mittel machte die

Gewerkschaften zum bloßen Instrument und musste deshalb auf ihre Skepsis stoßen. Im 1906 geschlossenen Mannheimer Abkommen gestand die Partei den Gewerkschaften ihre Eigenständigkeit zu. Die Gewerkschaftsführung musste bei politischen Streiks zustimmen und in wichtigen Fragen in die Beratung einbezogen werden. Die Gewerkschaften waren zu einem Faktor geworden, der eindeutig für einen reformistischen Ansatz stand. Zwischen dem rechten und dem linken Flügel lag das Zentrum, die Parteiführung mit August Bebel als der großen Führungspersönlichkeit. Die Anhänger des Zentrums, die «Zentristen», versuchten die Heilserwartung zu bewahren, doch zugleich konkrete Ziele der Sozialdemokratie zu realisieren.

Von ihrem ganzen Habitus her waren die deutschen Sozialdemokraten vor dem Ersten Weltkrieg keine Revolutionäre. Kautsky lehrte, die Sozialdemokratie sei eine «revolutionäre, doch keine Revolution machende» Partei. In der Partei herrschte eine Weltanschauung vor, in der Darwins Lehre und ein popularisierter Marxismus in einem vagen Darwinomarxismus verbunden waren. Womöglich war die Sozialdemokratie deshalb im Kaiserreich so erfolgreich, weil sie Zukunftshoffnungen und konkrete Tagespolitik, revolutionäre Rhetorik und reformistisches Handeln, Gegensätzlichkeit zur vorherrschenden Politik und Arrangement mit der realen Gesellschaft verband. Andererseits waren doch auch Nachteile dieser Ambivalenzen unübersehbar: Zwar wurde über Strategiefragen gestritten, doch wurden keine Konzepte zur Umgestaltung der Gesellschaft für den Fall, den man angeblich mit Naturnotwendigkeit kommen sah, ausgearbeitet. Die Erwartung eines «großen Kladderadatsches» hatte etwas Unwirkliches.

Die Rolle in der internationalen Politik

Die deutsche Sozialdemokratie wuchs im späteren Kaiserreich nicht nur zur größten deutschen, sondern auch zur größten europäischen sozialistischen Partei heran, die damit auch in der Sozialistischen Internationale, die 1889 gegründet worden war, eine herausragende Rolle einnahm.

Die SPD wurde bald bewundert wegen ihrer Wahlerfolge und Mitgliederzahl, ihrer Organisation und Disziplin. Und doch stellten sich für die anderen Parteien, insbesondere für die französischen Sozialisten, im Hinblick auf die deutsche Sozialdemokratie und ihre Strategie kritische Fragen. Charakteristisch dafür war die Kontroverse zwischen dem französischen Sozialistenführer Jean Jaurès und August Bebel beim internationalen Sozialistenkongress in Amsterdam 1904. Es ging um die Frage der Bündnisse, die die sozialistischen Parteien zur Durchsetzung demokratischer Forderungen eingehen sollten. Der Dresdener Parteitag der deutschen Sozialdemokraten hatte darauf beharrt, dass die bürgerlichen Parteien ein reaktionärer Block seien. Die französischen Sozialisten plädierten demgegenüber auf Grund ihrer Erfahrungen für Bündnisse mit reformerischen Zielen. Jaurès erkannte zwar die großen Wahlsiege der deutschen Sozialdemokratie an, kontrastierte diese jedoch mit ihrer realen Einflusslosigkeit. Und er machte dafür eben auch die unklare Strategie und den «unfruchtbaren Doktrinarismus» der deutschen Sozialdemokratie verantwortlich. Bebel konnte sich auf dem Sozialistenkongress mit seiner intransigenten Linie gegen Jaurès durchsetzen.

1907 wurden auf dem Sozialistenkongress in Stuttgart, der sich erstmals mit der Außenpolitik der Großmächte und wachsenden Kriegsängsten beschäftigte, erneut die Gegensätze zwischen den deutschen Sozialdemokraten und den französischen Sozialisten ausgetragen. Die französischen Sozialisten, die die Gefahr eines Krieges realistischer einschätzten als die deutschen Sozialdemokraten, forderten vom Kongress die Verabschiedung einer Resolution, «daß sich die Sozialdemokratie aller Länder zum revolutionären Massenstreik verpflichten sollte, wenn der Ausbruch eines Krieges unmittelbar drohte» (Gustav Mayer). Die deutsche Delegation widersetzte sich diesem Vorschlag; Bebel, der wohl auch die ablehnende Haltung der deutschen Gewerkschaften vor Augen hatte, meinte, dass sich das Volk nicht mehr in einen Krieg hineinjagen lasse, hatte aber wohl auch Zweifel, ob ein Generalstreik im Falle der Mobilisierung nicht scheitern würde. Man schloss schließlich einen vagen Kompromiss, nach dem im Falle eines drohenden Krieges die sozialistischen und sozialdemokratischen Parlamentarier, unterstützt durch das Büro der Internationale in Brüssel, alles daransetzen sollten, um den Ausbruch zu verhindern, «durch Anwendung der ihnen am wirksamsten erscheinenden Mittel». Auf dem Sozialistenkongress in Basel (1912) wurde diese Erklärung bekräftigt. Aufs Ganze gesehen, unterschätzte die internationale Arbeiterbewegung die Sprengkraft des Nationalismus.

Bemerkbar machte sich in diesen Kontroversen, dass die deutschen Sozialdemokraten weit von den Fragen der internationalen Politik entfernt waren. Als sozialdemokratische Oppositionspartei waren sie fast ausschließlich an innenpolitischen Fragen interessiert, was durch die Besonderheiten des deutschen konstitutionellen Systems und die Ausgrenzung und Stigmatisierung der deutschen Sozialdemokratie verstärkt wurde. Nach dem Urteil von Gustav Mayer konnte selbst Jaurès «sich nicht hineinversetzen in die Pariastellung, in der die Regierung Wilhelms II. die größte Partei des Reichstages selbst innerhalb des Reichstages zu halten beflissen war». Die deutschen Sozialdemokraten waren in der Tat nach wie vor ausgegrenzt, doch waren sie gleichwohl zunehmend auch ein Stück weit in das Kaiserreich integriert, zumal sie an seiner Entwicklung – etwa mit steigenden Löhnen – partizipierten.

Ungeachtet des «Internationalismus» der Sozialdemokraten, der u. a. in der Forderung nach internationaler Schiedsgerichtsbarkeit zur Konfliktschlichtung ihren Ausdruck fand, bejahten die deutschen Sozialdemokraten – wie auch die der anderen Länder – die Landesverteidigung. Nur eine Minderheit war im engeren Sinne pazifistisch. Das Erfurter Programm forderte die Abschaffung stehender Heere zu Gunsten einer Volkswehr. Auf dem Parteitag im September 1907 in Essen erklärte Bebel, der ansonsten ein Kritiker des preußischen Militarismus war: «Wenn wir wirklich einmal das Vaterland verteidigen müssen, so verteidigen wir es, weil es unser Vaterland ist, als den Boden, auf dem wir leben, dessen Sprache wir sprechen, dessen Sitten wir besitzen.» Am 7. März 1904 hatte Bebel im Reichstag erklärt, bei einem Angriff Russlands auf Deutschland werde er die

Flinte schultern. Der Zarismus galt den deutschen Sozialdemokraten als die Verkörperung der Reaktion, die Feindschaft gegen Freiheit und Fortschritt. Die deutschen Sozialdemokraten waren keine «vaterlandslosen Gesellen», sondern in Wahrheit demokratische Patrioten mit internationalistischer Gesinnung, was in konkreten Konstellationen zu Problemen führen konnte. Und so stellte sich für die deutschen Sozialdemokraten Anfang August 1914 die Situation wirklich schwierig dar.

IV. Die Parteispaltung im Ersten Weltkrieg und ihre Folgen

Der Erste Weltkrieg, von George Kennan als «Urkatastrophe des 20. Jahrhunderts» bezeichnet, war für die deutsche Gesellschaft und Politik, auch für die deutsche Sozialdemokratie, eine Zeit des existentiellen Umbruchs. Die Sozialdemokratie konnte ihre systemkritische Oppositionsrolle nicht weiterführen und sah sich mit Alternativen konfrontiert, die im Laufe des Krieges zur Parteispaltung führten. Für die Spaltung waren politische Gründe maßgeblich, doch nahmen auch die gesellschaftlichen Gegensätze während des Krieges deutlich zu, so dass es zur Radikalisierung von Teilen der Arbeiterschaft kam.

Ende Juli 1914 hatten die Sozialdemokraten noch Massenkundgebungen gegen den Krieg veranstaltet. Anfang August, nachdem das zaristische Russland dem Deutschen Reich den Krieg erklärt hatte, auch die anderen Mächte in den Krieg eintraten und unter den Deutschen die nationale Begeisterung um sich griff, sahen die deutschen Sozialdemokraten die Konstellation verändert – zunächst schwenkte die Generalkommission der Gewerkschaften, dann der Parteivorstand auf die nationale Linie ein. Der Parteivorsitzende Hugo Haase erklärte: «Wir lassen in der Stunde der Gefahr das eigene Vaterland nicht im Stich.» So stimmte die gesamte Reichstagsfraktion – auch die Bedenkenträger, zu denen Hugo Haase gehörte – einstimmig für die Bewilligung der Kriegskredite. Es war von hintergründiger Symbolik, dass der erste (und während des ganzen Krieges einzige) Reichstagsabgeordnete, der nach wenigen Wochen als Kriegsfreiwilliger fiel, der badische Sozialdemokrat Ludwig Frank war.

Völlig überraschend ist die Haltung der SPD im August 1914 aus historischer Perspektive indes nicht. Zwar hatte die Sozialdemokratie in der Vorkriegszeit weiter den preußischen Militarismus kritisiert, doch nicht mehr auf einer Volkswehr insistiert. Die Sozialdemokraten waren zunehmend nicht nur negativ in das Reich integriert, von dem sie jetzt annahmen, dass es angegriffen worden sei.

Angesichts der Ferne der Sozialdemokratie von den politischen Entscheidungsprozessen ist es absurd, die Katastrophe des Ersten Weltkrieges der SPD anzulasten. Sie wollte das Reich zwar gegen den russischen Zarismus verteidigen, doch beteiligte sich die Partei nicht an dem – von Professoren und Publizisten – ausgerufenen Kulturkrieg gegen die «Ideen von 1789». Auch lehnte sie annexionistische Kriegsziele ab.

Nicht zu übersehen ist, dass die Burgfriedenspolitik bei Sozialdemokraten und Gewerkschaften mit der Erwartung auf Reformen einherging, was die Zustimmung erleichterte. Immerhin wurden die Gewerkschaften im Hilfsdienstgesetz 1916 durch Staat und Arbeitgeber anerkannt, was auch im Hinblick auf die Durchsetzung kollektiver Tarifverträge bedeutsam war. Allerdings wurde die Sozialdemokratie, insgesamt gesehen, enttäuscht, weil das Dreiklassenwahlrecht in Preußen, gegen das die Partei schon vor dem Kriege Sturm gelaufen war, bis Ende des Krieges nicht abgeschafft wurde und der Übergang zur parlamentarischen Regierungsweise, ebenfalls ein wichtiges sozialdemokratisches Ziel, erst im Oktober 1918 erreicht wurde. Zugleich aber nahmen Versorgungsprobleme und soziale Missstände zu, von denen insbesondere die Arbeitermassen und ihre Familien betroffen waren.

Vor dem Hintergrund dieser Lage, die von der Bevölkerung große Opfer verlangte, stieß die Burgfriedenspolitik auf wachsende Skepsis, die sich in der zunehmenden Zahl von Abgeordneten manifestierte, die die Kriegskredite ablehnten. Zu einem wirklichen Bruch in der Reichstagsfraktion kam es im März 1916 über einen Notetat, bei dem die Minderheit – ohne dies vorher angekündigt zu haben, was von der Mehrheit als Treuebruch gewertet wurde – gegen den Fraktionsbeschluss stimmte. Dies sah die – Einheit und Disziplin als hohe sozialdemokratische Werte betrachtende – Mehrheit als Austritt aus der Fraktion an, woraufhin die Minderheit eine «Sozialdemokratische Arbeitsgemeinschaft» bildete, die in der Gründung der USPD als selbständiger Partei im April 1917 in Gotha mündete. Die große Mehrheit der Mitglieder, des Apparats und der Parteizeitungen blieb bei der MSPD. So waren die Erfolge bei Nachwahlen für die USPD bescheiden.

Da die Kriegsfrage bzw. die der Kriegskredite in gewisser Weise quer lag zu den Gruppenbildungen in der Sozialdemokratie, war die USPD ausgesprochen heterogen und entsprach nicht dem Gegensatz von Reformisten und Revisionisten einerseits und Linken andererseits, wie schon der Tatbestand erkennen lässt, dass ihr «Revisionisten» und Reformisten wie Eduard Bernstein, Rudolf Breitscheid und Kurt Eisner ebenso angehörten wie die Spartakus-Gruppe um Karl Liebknecht und Rosa Luxemburg. Die Bruchlinie wurde durch die Frage der Kriegskredite und die Beurteilung der Burgfriedenspolitik gebildet, so dass sich pazifistische, revisionistische und linke Vertreter der Sozialdemokratie bei der USPD wiederfanden. Manche – wie Eduard Bernstein – kehrten nach Ende des Krieges zur MSPD zurück, zunächst aber existierte die USPD weiter, beide Parteien hatten inzwischen ihre Eigengewichtigkeit, und der Gegensatz lud sich nun auch mit anderen Fragen auf.

Immerhin wirkten MSPD und USPD im Rat der Volksbeauftragten zunächst zusammen. Ende des Jahres 1918 wurde dann die KPD gegründet, die schließlich dadurch zu einer Massenpartei wurde, dass sich die USPD im September 1920 über die Frage der Zustimmung zu den Grundsätzen der Kommunistischen Internationale spaltete. Der linke Flügel trat jetzt der KPD bei, während die Rest-USPD zunächst selbständig blieb, sich dann aber wieder mit der MSPD verband. Der dominante Gegensatz auf der Linken war jetzt der von Demokratie und Diktatur. Die SPD des 20. Jahrhunderts entstand dadurch, dass radikale Kräfte sich von ihr trennten und sie sich klar für den demokratisch-parlamentarischen Weg entschied.

V. Verfassungspartei, Regierungspartei, Oppositionspartei – die Sozialdemokratie in der Weimarer Republik

Was sich im Ersten Weltkrieg schon andeutete, setzte sich in der Weimarer Republik fort: Die Sozialdemokratie begann sich einerseits zu einer staatstragenden Partei zu entwickeln, andererseits aber an ihrer Tradition als Oppositionspartei mit klassenpolitischen Zielen festzuhalten. Sie wurde die wichtigste Verfassungspartei der Weimarer Republik, hatte aber in ihrem Selbstverständnis zu kämpfen mit der Doppelaufgabe, einerseits die demokratische Republik durchzusetzen, auszubauen und zu verteidigen, andererseits die Interessen des sozialistischen Arbeitermilieus zu vertreten und sozialistische Zukunftsziele im Auge zu behalten. Sie versuchte zeitweilig, sich ansatzweise in Richtung einer Volkspartei weiterzuentwickeln, was jedoch angesichts der Konkurrenz der KPD und der Intransigenz bürgerlicher Parteien für eine sozialdemokratische Reformpolitik schwierig war. Hatte die SPD letztlich mehr als jede andere Partei die Entstehung der Republik von Weimar bestimmt, so war sie am Ende nahezu die einzige Partei, die die Republik gegen den Ansturm der NS-Bewegung, der KPD und der anderen Feinde der Demokratie verteidigte.

Revolution und Konstituierung der Republik

Die Revolution 1918/19 war für die deutsche Sozialdemokratie eine Zäsur: Sie hatte erheblichen Anteil an den Weichenstellungen während der Monate der Revolution, und diese hatten auch

Folgen für ihre Stellung im Parteiensystem und in der Gesellschaft.

Das revolutionäre Massenhandeln, der Aufstand der Kieler Matrosen und die Bildung von Arbeiter- und Soldatenräten ließen angesichts der Kriegsniederlage das Kaiserreich zusammenbrechen. Der Sozialdemokrat Philipp Scheidemann rief am 9. November 1918 vom Balkon des Reichstagsgebäudes die deutsche Republik aus und kam damit Karl Liebknecht zuvor, der zwei Stunden später am Berliner Schloss eine sozialistische Republik proklamierte. Die Macht ging an den Rat der Volksbeauftragten über, in dem sich MSPD und USPD – ihre Gegensätze zurückstellend – zusammenfanden. Für die MSPD saßen im Rat Friedrich Ebert, Philipp Scheidemann und Otto Landsberg, für die USPD Hugo Haase, Wilhelm Dittmann und Emil Barth; den Vorsitz führte Ebert, der zur entscheidenden Führungsfigur der deutschen Politik avancierte. Ebert war zwar die Reichskanzlerschaft auch vom letzten Kanzler des Kaiserreiches Prinz Max von Baden übertragen worden, doch war seine Legitimationsgrundlage die des Rates der Revolution.

Die Volksbeauftragten verkündeten als revolutionäre Errungenschaften die Einführung des Achtstundentages und des allgemein gleichen Wahlrechtes für alle Parlamente (bis zuletzt hatte in Preußen das Dreiklassenwahlrecht gegolten). Das Wahlrecht sollte anders als im Kaiserreich auch für die Frauen gelten, was von den Sozialdemokraten schon lange gefordert worden war. Angekündigt wurden auch sozialpolitische Maßnahmen zum Arbeitsschutz und zur Krankenversicherung.

Vor allem aber hatte der Rat der Volksbeauftragten die großen Gegenwartsprobleme und das ausbrechende Chaos zu bewältigen. Das Millionenheer war zu demobilisieren, wozu Ebert sich mit Groener von der OHL verständigte, die schwierige Ernährungslage war zu bewältigen (die Alliierten hielten ihre Blockade gegenüber dem Reich noch aufrecht), und nicht zuletzt waren die Ostgrenzen gegen polnische Ansprüche (mit Hilfe von Freiwilligenverbänden) zu verteidigen und separatistische Bestrebungen abzuwehren. Manche Maßnahmen setzten gleichsam den Kriegssozialismus fort.

Ebert und der Rat der Volksbeauftragten wollten möglichst bald eine Nationalversammlung einberufen, die eine neue Verfassungsordnung ausarbeiten und eine demokratische Grundlage für politisches Handeln bilden sollte. Der Einberufung der Nationalversammlung stimmten nicht nur die Berliner, sondern die Arbeiter- und Soldatenräte des Reiches mit großer Mehrheit zu, gegen den Widerstand von Karl Liebknecht und Rosa Luxemburg und der Spartakusgruppe, die das Mehrheitsprinzip nun nicht mehr anerkannten und den revolutionären Prozess, auch unter Berufung auf die russische Revolution als Vorbild, zu forcieren suchten. Friedrich Ebert und die MSPD wollten demgegenüber gerade den revolutionären Prozess kanalisieren. Sie waren Demokraten, die sich entschieden gegen jede Diktatur wandten.

Bei der Eröffnung der Nationalversammlung bekräftigte Ebert, dass «nur auf der breiten Heerstraße der parlamentarischen Beratung und Beschlußfassung [...] sich die unaufschiebbaren Veränderungen auch auf wirtschaftlichem und sozialem Gebiet vorwärts bringen [lassen], ohne das Reich und sein Wirtschaftsleben zugrunde zu richten». Es war die Überzeugung der führenden Sozialdemokraten, dass in der Konstellation nach dem Ersten Weltkrieg nur eine demokratisch-parlamentarische Politik die Probleme der Zeit lösen konnte.

Eine Entwicklung nach dem Vorbild der Bolschewiki in Russland, die den Zusammentritt der Konstituante gewaltsam verhindert hatten, um die Revolution durch eine Diktatur des Proletariats voranzutreiben, wollten die Sozialdemokraten der MSPD und die Mehrheit der USPD 1918/19 gerade nicht. Dennoch kam es zu Meinungsverschiedenheiten zwischen den beiden Parteien im Hinblick auf den Umgang mit revolutionären Kräften, mit der Konsequenz, dass die USPD-Mitglieder aus dem Rat ausschieden und durch die Mehrheitssozialdemokraten Wissell und Noske ersetzt wurden.

Die um die Jahreswende 1918/19 gegründete KPD forderte einen Boykott der Wahlen zur Nationalversammlung, gegen den Widerspruch von Rosa Luxemburg, die die Beteiligung als Agitationsmöglichkeit betrachtete, im Übrigen die Repräsentanten von MSPD und zunehmend auch USPD als Verräter attackierte und zur entschiedensten Wortführerin einer Diktatur des Proletariats wurde. Als es Anfang Januar, nach der Absetzung des Berliner Polizeipräsidenten Eichhorn, der Waffen an Aufständische ausgegeben hatte, zu Massendemonstrationen kam, entschlossen sich Radikale, unter Beteiligung von Rosa Luxemburg und Karl Liebknecht, zum Aufstand, was den Einsatz von Waffengewalt einschloss. Der Aufstand wurde mit Hilfe von Freikorps von der Regierung niedergeschlagen, Rosa Luxemburg und Karl Liebknecht wurden ermordet. Sie hatten sich von revolutionärer Begeisterung leiten lassen, dabei aber zunehmend den Bezug zur Realität verloren. Sie wurden bald als Märtyrer verehrt und lebten – ungeachtet der kommunistischen Kritik am Luxemburgismus – als Mythos weiter, nicht belastet durch die weitere Entwicklung der KPD, die spätestens seit Mitte der 20er Jahre durch die Komintern und die sowjetische Politik, d. h. die Politik Stalins, bestimmt wurde.

Der in der Revolution 1918/19 sich herausbildende Gegensatz von Sozialdemokraten und Kommunisten, der im Kern um den Demokratie-Diktatur-Gegensatz ging, gehörte auch in der Folgezeit zu den Determinanten der deutschen Politik, die zweifellos die Position der Linken in der Weimarer Republik schwächten.

Viel ist darüber diskutiert worden, ob die Weichenstellungen der Revolutionszeit nicht das Scheitern der Republik determiniert haben – wie Arthur Rosenberg früh in seiner Geschichte der Weimarer Republik meinte. Inwieweit die Räte ein ungenutztes demokratisches Potential enthielten, wie zeitweilig angenommen wurde, bleibt unklar, zumal die Rätebewegung sich selbst als transitorische Erscheinung begriff und auch deshalb bald an Bedeutung verlor. Der Einsatz von politisch rechts stehenden Freikorps zur Niederschlagung des Aufstandes extremlinker Kräfte durch Reichswehrminister Noske war gewiss höchst problematisch, nicht nur weil er zur Organisierung der extremen Rechten ungewollt beitrug, sondern auch die Glaubwürdigkeit der MSPD beeinträchtigte. Allerdings ist der situative Kontext, die prekäre Sicherheitslage, mitzusehen. Es war schwierig, zuverlässige republikanische Korps rasch zu bilden.

Die Konstellation stellte sich für Ebert und den Rat der Volksbeauftragten sehr unübersichtlich dar. Sicherlich wäre eine weitergehende Umgestaltung der Verwaltung nötig gewesen, doch
hatte die Regierung eine Vielzahl unmittelbarer Probleme zu lösen, während die Erwartungen vielfach unrealistisch, vage oder
diffus waren. Dass nur eine radikale Sozialisierung die Republik
hätte sichern können, weil der Kapitalismus mit Demokratie
nur bedingt kompatibel sei, wird man heute nicht mehr anneh-
men. Allerdings hätten energischere Schritte in der Sozialisie-
rungsfrage einer Vertrauenskrise entgegenwirken können. Doch
konnte die Sozialdemokratie dem durch ihre Tradition gegebenen Dilemma zwischen demokratischen Prinzipien und revolutionären Verheißungen 1918/19 nicht wirklich entkommen.

Aufs Ganze gesehen, gelangen der Sozialdemokratie die «Ver-
hütung des Chaos» und die «Stabilisierung der Republik», die
freilich bedroht blieb durch den Putschismus von Links und
Rechts. Letzterer zeigte sich schon 1920 im Kapp-Putsch, der
durch den Generalstreik, zu dem SPD und Gewerkschaften auf-
riefen, gestoppt werden konnte.

Das Ergebnis der Wahlen zur verfassunggebenden Nationalversammlung im Januar 1919 war für die Linke ernüchternd
gewesen. Die MSPD kam auf 37,9 %, die USPD nur auf 7,6 %,
d. h., die beiden linken Parteien hätten – selbst wenn sie gewollt
hätten – keine Mehrheitsregierung bilden können. Theoretisch
war sogar eine Mehrheitsbildung gegen die Sozialdemokratie
möglich. In dieser Konstellation bildete die MSPD – Friedrich
Ebert folgend – eine Koalition mit der linksbürgerlichen DDP
(18,5 %) und mit dem katholischen Zentrum (19,7 %). Die DVP
(4,4 %) und die Deutschnationalen (10,3 %) gingen in die Opposition. Mit der «Weimarer Koalition» wurde die Zusammenarbeit im interfraktionellen Ausschuss während des Krieges, der
1917 die Friedensresolution durchgesetzt hatte, fortgesetzt. Bemerkenswert ist, dass die Oppositionsparteien der Reichsgrün-
dungsperiode die Parteien waren, die den Verfassungsprozess
hauptsächlich gestalteten.

Zunächst wählte die in Weimar zusammentretende Nationalversammlung die Sozialdemokraten Friedrich Ebert zum

Reichspräsidenten und Philipp Scheidemann zum Reichsministerpräsidenten einer Koalition, die sich – auf Vorschlag der SPD – auf die Einführung der Republik, eine Finanzpolitik, die Vermögen und Besitz einbezog, einen Ausbau des Sozialstaates und die Sozialisierung dafür reifer Industrien verständigte.

Es gab eine breite Übereinstimmung in Verfassungsfragen zwischen dem – der DDP angehörenden – Staatsrechtler Hugo Preuß, der den Verfassungsentwurf ausarbeitete, und den Sozialdemokraten. Beide wollten den Obrigkeitsstaat durch einen Volksstaat überwinden und dabei die demokratische Linie von 1848/49, die durch Bismarcks Politik abgebrochen worden war, wieder aufgreifen, was in der Wiederaufnahme von Schwarz-Rot-Gold als Reichsfarben zum Ausdruck kam – eine Entscheidung, die freilich die ganze Weimarer Zeit umkämpft blieb. Geschaffen wurde eine parlamentarische Republik mit einem starken Reichspräsidenten und einem vom Reichstag abhängigen Reichskanzler – die Doppelspitze resultierte aus einer gewissen Skepsis gegenüber dem Parteiensystem. Auf Druck der Linken wurde eine deutliche direktdemokratische plebiszitäre Komponente eingebaut – die Verfassung schien in ihrer Kombination von präsidentieller, parlamentarischer und plebiszitärer Komponente in besonderer Weise demokratische Ideale zu erfüllen, wies aber gerade dadurch Einbruchstellen für antidemokratische Kräfte auf, wie sich in der Folgezeit zeigen sollte. Der Reichswirtschaftsrat, in dem Unternehmer und Gewerkschaften vertreten sein sollten, hatte auf die Dauer nicht die Bedeutung einer Institution, die den Einfluss der Politik auf die Wirtschaft sicherstellte. Doch keine Frage: Die Verfassung strebte die Schaffung eines sozialen Rechtsstaates an.

Das Jahr 1919 verlief – nicht zuletzt durch den Versailler Frieden, dessen Akzeptanz den Rücktritt der Regierung und die Regierungsneubildung unter dem Sozialdemokraten Gustav Bauer zur Konsequenz hatte – aus der Sicht vieler Bürger, besonders der Arbeiter, enttäuschend. Realiter wurde die Sozialdemokratie für die Folgen des Krieges haftbar gemacht, an dessen Verursachung sie keinerlei Anteil hatte. Das Ergebnis der ersten normalen Reichstagswahl 1920 war für die Koalition jedenfalls eine Katastrophe. Die SPD verlor massiv (sie kam nur noch auf 21,9 % der Stimmen), während die USPD dazugewann (17,6 %) und fast mit der MSPD gleichzog. Noch stärker verlor die DDP, die mehr als die Hälfte ihres Stimmanteils einbüßte. Sie stürzte von 18,6 % auf 8,3 % ab. Die Rechtswanderung des deutschen Bürgertums begann, und sie sollte für die Entwicklung der Weimarer Republik kennzeichnend sein.

Der für die Republik konstitutive Basiskompromiss zwischen der gemäßigten Sozialdemokratie und der gemäßigten bürgerlichen Demokratie war damit früh in Frage gestellt. Die Weimarer Koalition, die die Verfassung geprägt hatte, war auf Reichsebene – anders als in Preußen – nicht mehr mehrheitsfähig. Die Demokratie mit ihren verschiedenen teilweise radikaldemokratischen Mechanismen funktionierte unter der durch scharfe politisch-gesellschaftliche Spannungen geprägten fragmentierten politischen Kultur mehr als Katalysator der Gegensätze denn als Rahmen, diese wenigstens teilweise zu überbrücken und Kompromisse herbeizuführen.

Von der politischen Rechten aber wurde die demokratische Republik, die ihren Anhängern als modernste Verfassung der Welt erschien, als «undeutsch», als Import aus dem Westen oder als Verlassen des deutschen Weges politisch-sozialer Entwicklung diffamiert, wogegen bald eine Rückkehr zu preußisch-deutschen Ideen oder auch eine neue Ordnung durch eine konservative Revolution gefordert wurde.

Die Wahl des Sozialdemokraten Friedrich Ebert 1919 zum Reichspräsidenten war von enormer symbolischer Bedeutung. Ebert sah sich – wie er in seiner Antrittsrede erklärte – als Repräsentant des ganzen deutschen Volkes, «nicht als Vormann einer einzigen Partei». Zugleich aber «bekannte» er sich dazu, «ein Sohn des Arbeiterstandes» zu sein, «aufgewachsen in der Gedankenwelt des Sozialismus». Dass Ebert, der Sattlergeselle, Reichspräsident werden konnte, war für die einen Beweis, dass der Obrigkeitsstaat durch den Volksstaat ersetzt worden war, für die anderen aber – vor allem für die Anhänger des alten Regimes – Anlass zum Spott über die Republik. Ebert, der das Amt mit Würde und Umsicht ausübte und sich insbesondere während des Krisenjahres 1923 im Kampf für die neue Ordnung bewährte, war zunehmend bösartiger Kritik, vor allem wegen seiner Rolle im Ersten Weltkrieg, ausgesetzt, die ihn schließlich zermürbte und zu seinem Tode im Amt beitrug. Auch dadurch wurde er zu einem Symbol der Republik.

«Halbe Regierungs- und halbe Oppositionspartei»

Entgegen verbreiteter Annahme war die Sozialdemokratie in der Zeit der Weimarer Republik überwiegend Oppositionspartei. Die Partei, als deren Vorsitzende seit Juni 1919 Hermann Müller und Otto Wels fungierten, war an der Reichsregierung 1918–1923 mit Unterbrechungen beteiligt, in der Zeit der Bürgerblockkabinette von 1923–1928 saß sie in der Opposition, partizipierte freilich indirekt auch in dieser Zeit an der Regierung, weil ohne sie – u. a. in außenpolitischen Fragen – eine parlamentarische Mehrheit nicht zu Stande kam. 1928–1930 war sie wieder Regierungspartei, danach regierten Präsidialkabinette das Reich. Die Sozialdemokratie stellte in den ersten Jahren mit Philipp Scheidemann, Gustav Bauer und Hermann Müller bis 1923 und noch einmal 1928–30 erneut mit Hermann Müller den Reichskanzler. Zwar war der Sozialdemokrat Friedrich Ebert 1919 bis zu seinem Tode 1925 Reichspräsident, doch führte er das Amt im überparteilichen Sinne, so dass es zu Spannungen mit seiner Partei kam. Danach fiel das Amt an Hindenburg, den kaiserlichen Generalfeldmarschall, hinter dem überwiegend Gegner der Republik standen. Wenn die SPD trotz ihrer zentralen Rolle bei der Entstehung der Republik meist nicht an der Regierung beteiligt war, so zeigt sich dabei eine doppelte Problematik: zum einen die Distanz der bürgerlichen Parteien zur Sozialdemokratie, zum anderen die Tendenz der Sozialdemokratie, in die traditionelle Oppositionsrolle zurückzukehren. Klaus Schönhoven hat die SPD der Weimarer Republik treffend als «halbe Regierungs- und halbe Oppositionspartei» charakterisiert.

Die Frage des Eingehens von Koalitionen wurde seit der katastrophalen Reichstagswahl von 1920 zu einem Dauerthema auf

SPD-Parteitagen. Koalitionsbildungen, die die Durchsetzung von Reformen im Bereich der Sozialpolitik und in anderen Bereichen ermöglichen sollten, wurden dabei kontrastiert mit einer wirklichen sozialistischen Politik, die nur im kaum denkbaren Fall einer Alleinregierung realisierbar war. In dem Gegensatz erkennbar war die Spannung zwischen Verantwortung für die Republik und konkreter Reformpolitik auf der einen Seite und mehr oder weniger utopischer sozialistischer Umgestaltungspolitik auf der anderen Seite.

Aufs Ganze gesehen, akzeptierte die SPD den Parteienpluralismus – anders als die Kommunisten (und später die Nationalsozialisten) – nicht nur praktisch, sondern auch theoretisch. So bezeichnete Rudolf Hilferding die Parteien als notwendige Bestandteile der Demokratie, Gustav Radbruch betonte die «Kreationsfunktion» der Parteien: Ohne Parteien könne das Volk politisch gar nicht handeln.

Auch die programmatische Entwicklung ist im Hinblick auf das Verhältnis demokratischer und sozialistischer Zielsetzungen interessant. Das 1921 auf dem Görlitzer Parteitag der MSPD verabschiedete Programm unterschied sich in seinem Parteibegriff und in seinen theoretischen Grundlagen durch den Verzicht auf den marxistischen Geschichtsglauben deutlich vom Erfurter Programm. In Görlitz wurde die Sozialdemokratische Partei Deutschlands zur «Partei des arbeitenden Volkes in Stadt und Land», die sich als «Kampfgemeinschaft für Demokratie und Sozialismus» sah. Sie wurde im Grunde als Volkspartei betrachtet. Auch wenn am Gegensatz von Kapital und Arbeit festgehalten wurde, so kamen doch die Mittelschichten differenzierter in den Blick: kleinere und mittlere Besitzer, Gewerbetreibende, Scharen geistiger Arbeiter, Beamte, Angestellte, Künstler, Schriftsteller, Lehrer, Angehörige der freien Berufe aller Art, die ihre politische Vertretung in der SPD finden sollten. Unmissverständlich war das Bekenntnis zur Republik: Die Sozialdemokratische Partei «betrachtet die demokratische Republik als die durch die geschichtliche Entwicklung unwiderruflich gegebene Staatsform, jeden Angriff auf sie als Attentat auf das Lebensrecht des Volkes».

Demgegenüber kehrte das 1925 nach der Rückkehr der Rest-USPD zur SPD beschlossene Programm von Heidelberg wieder stärker zu marxistischen Grundsätzen zurück, etwa wenn die SPD als Partei der Arbeiterklasse begriffen wurde, was auch unter dem Eindruck der Konkurrenz zur KPD formuliert wurde. Allerdings wurden hier «Angestellte und Intellektuelle jeder Art» als Gruppe, deren Interessen «in steigendem Maße mit denen der übrigen Arbeiterschaft» übereinstimmten, betrachtet. Zwar wurde auch hier die demokratische Republik entschieden verteidigt, jedoch als Voraussetzung und Mittel des Kampfes um die eigentlichen Ziele betrachtet: «Der Kampf der Arbeiterklasse gegen die kapitalistische Ausbeutung ist nicht nur ein wirtschaftlicher, sondern notwendigerweise ein politischer Kampf [...] In der demokratischen Republik besitzt sie [die Arbeiterklasse] die Staatsform, deren Erhaltung und Ausbau für ihren Befreiungskampf eine unerläßliche Notwendigkeit ist [...] Die demokratische Republik ist der günstigste Boden für den Befreiungskampf der Arbeiterklasse und damit für die Verwirklichung des Sozialismus. Deshalb schützt die Sozialdemokratische Partei die Republik und tritt für ihren Ausbau ein.»

Allerdings zeigte der Parteitag in Heidelberg in den Erläuterungen des Programms durch Rudolf Hilferding, der zum führenden Theoretiker avanciert war, doch auch Positionen, die eher auf der Linie des Görlitzer Programms lagen. So plädierte er für eine soziale Öffnung der SPD und hob die wachsende Bedeutung der «Kopfarbeiter», auch der Angestellten aller Art hervor, die in den Emanzipationskampf der Arbeiterbewegung einbezogen werden sollten. Vor allem aber skizzierte er das Konzept der Wirtschaftsdemokratie, das er, Fritz Naphtali u. a. seit 1924 entwickelten.

Hilferding ging beim Konzept der Wirtschaftsdemokratie von seiner Theorie des «organisierten Kapitalismus» aus, nach der sich der Kapitalismus durch Konzernbildungen, Kartelle und andere Formen der Organisation erheblich verändert hatte. Das Konzept der Wirtschaftsdemokratie versuchte die neuen Strukturen zu nutzen. Zum einen bot es Möglichkeiten der Lenkung und Kontrolle durch den Staat und die Konsumenten, zum anderen für die Mitbestimmung der Arbeitnehmer, die in den Leitungs- und Kontrollgremien vertreten sein sollten, wobei keineswegs an eine Mitwirkung auf der Linie des Rätegedankens oder syndikalistischer Bestrebungen gedacht war. Das Konzept Naphtalis sah zudem einen wachsenden öffentlichen und gewerkschaftlichen Sektor der Wirtschaft vor. Letztlich steckte hinter dem Konzept, das mit dem Ausbau von Arbeiterbildung verbunden war, der Gedanke, dass eine schrittweise Transformation des Kapitalismus in Richtung einer sozialistischen Wirtschaft möglich sei, was der orthodox-marxistischen Zusammenbruchstheorie diametral widersprach.

Was die konkrete Sozialpolitik anging, so hatte die SPD in der Weimarer Republik mittelbar und unmittelbar erheblichen Anteil am Aufbau des Sozialstaates, insbesondere der Schaffung der Arbeitslosenversicherung und eines neuen Arbeitsrechtes.

Angesichts des Gewichtes der Sozialpolitik war es kein Zufall, dass der Streit über Finanzierungsprobleme bei der Arbeitslosenversicherung 1930 der Anlass war für das Scheitern der Großen Koalition, die anfangs nur als Kabinett der Persönlichkeiten zu Stande kam, und in der am Ende die Fliehkräfte immer stärker zu Tage traten. Die SPD wollte die Probleme der Arbeitslosenversicherung nicht durch Leistungskürzungen, sondern durch Beitragserhöhungen, d. h. unter Beteiligung der Arbeitgeberseite, lösen. Wenn sie dies zur Koalitionsfrage machte, so stand der Anlass in keinem Verhältnis zu den – freilich noch nicht unbedingt erkennbaren – fatalen Folgen: dem Ende der parlamentarischen Regierungsweise. Hinter den Kulissen, insbesondere in der Umgebung des Reichspräsidenten, waren bereits die Weichen für ein Präsidialkabinett gestellt, das unabhängig vom Reichstag arbeiten sollte. Wenn die Große Koalition gleichwohl relativ lange agiert hatte, so war dies darauf zurückzuführen, dass die SPD zur Bewältigung der Reparationsfrage (Verabschiedung des Young-Planes) benötigt wurde.

Sozialdemokratische Außenpolitik

Zweifellos trug die SPD in der Weimarer Republik – trotz ihrer nur zeitweiligen Regierungsbeteiligung – wesentlich zur Stabilisierung der Außenpolitik bei. Sie hatte den Versailler Frieden, der allgemein als Diktat empfunden wurde, unterzeichnen müssen – Gustav Bauer war Reichskanzler, Hermann Müller Außenminister. Doch diesen Vertrag der Sozialdemokratie anzulasten, wie das die Rechte tat, war absurd. Die SPD trug in der Folgezeit den Kampf aller Parteien der Weimarer Republik (mit Ausnahme der Kommunisten) gegen den Versailler Vertrag mit. Sie vertrat eine gemäßigte Revisionspolitik, zu der anhaltendes geduldiges Verhandeln gehörte, durch das sie die Reparationslasten zu begrenzen und zu reduzieren suchte. Sie verzichtete dabei anders als die nationale Opposition auf nationalistische Rhetorik und verlor das Ziel eines friedlichen Ausgleichs nicht aus den Augen.

Die Sozialdemokratie war die wichtigste Stütze der Locarno-Politik und der Stresemannschen Politik der Verständigung mit Frankreich und des Beitritts zum Völkerbund. Gegenüber der Sowjetunion war das Verhältnis für die Sozialdemokratie komplizierter. Zwar versuchte man auch zu dieser vernünftige Beziehungen zu entwickeln, doch begleiteten die deutschen Sozialdemokraten die innere Entwicklung in der Sowjetunion, insbesondere auch die Verfolgung der Menschewiki, in deren Kontext auch die SPD attackiert wurde, mit Betroffenheit und Kritik. Die Menschewiki flohen vielfach nach Deutschland und siedelten sich in Berlin an; einige von ihnen beteiligten sich an den Diskussionen der SPD und der Sozialistischen Internationale.

Die SPD strebte nach 1918 eine neue Außenpolitik an, die Konsequenzen aus einer Geheimdiplomatie und Politik der Koalitionen zog, die aus ihrer Sicht für den Krieg verantwortlich waren. Ihr Ziel waren zudem eine stärkere Verrechtlichung der internationalen Beziehungen und die Bildung übernationaler Organisationen. Nach wie vor wollte die SPD – wie das Görlitzer und das Heidelberger Programm zeigen – internationale Konflikte durch (Schieds-)Gerichte lösen. Bemerkenswert war die Akzentveränderung von Görlitz nach Heidelberg im Hinblick auf übernationale Zusammenschlüsse. Hatte die Sozialdemokratie 1921 noch den Völkerbund als zentrales Ziel herausgestellt, so stand in Heidelberg – abgesehen davon, dass sich die Partei gegen die Ausbeutung der Kolonialvölker wandte – Europa im Vordergrund. Für dringend hielt die Sozialdemokratie «die aus wirtschaftlichen Ursachen zwingend gewordene Schaffung der europäischen Wirtschaftseinheit» und plädierte darüber hinaus «für die Bildung der Vereinigten Staaten von Europa, um damit zur Interessensolidarität der Völker aller Kontinente zu gelangen», Ideen, die der Zeit weit vorauseilten. Damit befand sich die Sozialdemokratie in scharfem Gegensatz zu nationalistischen Zielsetzungen, die in der deutschen Öffentlichkeit vorherrschten. Die Sozialdemokraten bekräftigten im Übrigen das Selbstbestimmungsrecht der Völker, plädierten aber auch für den Schutz nationaler Minderheiten.

Die Sozialdemokratie bejahte die Landesverteidigung, betrachtete jedoch neuerliche Aufrüstungsbemühungen mit Skepsis und Ablehnung. So war mit den Sozialdemokraten – zum Leidwesen von Reichspräsident Hindenburg und Reichswehrminister Groener – in der Ära der Großen Koalition ein geheimes Programm zur Aufrüstung und zur Stärkung des Wehrwillens nicht möglich. Allerdings gaben die sozialdemokratischen Kabinettsmitglieder deren Druck in der Frage des Baus des Panzerkreuzers A nach, was Fraktion und Partei nicht akzeptierten, da die SPD sich im Wahlkampf klar dagegen ausgesprochen hatte («Schulspeisung statt Panzerkreuzer»). Das Nein der Fraktion, das die Sozialdemokraten in der Regierung schlecht aussehen ließ, zumal sich eine Mehrheit für die Regierungsvorlage fand, war ein besonders drastischer Fall der Spannung zwischen Regierungspolitik und sozialdemokratischer Gesinnung, der heftige innerparteiliche Debatten zur Folge hatte.

Generell versuchte die SPD, dem Nationalismus entgegenzuwirken und die internationale Verständigung zu stärken, was eine gemäßigte deutsche Interessenpolitik nicht ausschloss. In der Ära der Präsidialkabinette verminderte sich jedoch der Einfluss der SPD auf die Außenpolitik.

Arbeitermilieu und Partei

Das sozialistische Arbeitermilieu differenzierte sich in der Zeit der Weimarer Republik und war Spaltungs- und Erosionsprozessen ausgesetzt, wodurch sich auch sein Verhältnis zur SPD modifizierte. Ohnehin war dieses Milieu keineswegs allerorten, auch nicht in allen Industriegebieten, in gleicher Weise ausgebildet. Mancherorts war es – abgesehen von bestimmten Kernen – vorrangig für Proteste mobilisierbar. Mit Teilen des Milieus, die syndikalistisch orientiert waren, hatte die Sozialdemokratie in der Weimarer Zeit Schwierigkeiten, sie tendierten zur KPD, ohne dass sie sich von dieser voll integrieren ließen.

Zudem veränderten sich in der Weimarer Republik die Rahmenbedingungen für das sozialistische Milieu. Im Bildungsbereich spielten etwa die neu gegründeten Volkshochschulen eine wachsende Rolle; auch entstanden – teilweise in öffentlicher Trägerschaft – Arbeiterbildungseinrichtungen wie die Akademie der Arbeit in Frankfurt, die eine wachsende Bedeutung für die Arbeiterbildung, nicht zuletzt für die Ausbildung von Funktionären für die Arbeiterbewegung auf den verschiedensten Ebenen erhielt.

Manche neuen Züge sind in der Arbeiterfestkultur erkennbar. Wenn 1928 zur 50. Wiederkehr des Sozialistengesetzes ein Festumzug von der Sozialdemokratie in Berlin durchgeführt wurde, so stellte sich hier die Sozialdemokratie mit ihrer Tradition als Oppositionspartei des Kaiserreichs dar, die sich in heroischem Kampf behauptet hatte. Es ging dabei um die historische Selbstvergewisserung der Partei, der auch Aufführungen von Arbeiterchören dienten, die angesichts der schwierigen Gegenwart die sozialistische Utopie als Zukunftsziel hörbar und symbolisch sichtbar machen sollten. Charakteristisch für das sozialdemokratische Milieu in dieser Zeit war auch das Engagement in der Kinder- und Jugendbildung, für das die Kinderfreundebewegung stand. Es galt, den jungen Menschen für Demokratie und Sozialismus zu erziehen.

Nach dem Ersten Weltkrieg wurde von Marie Juchacz u. a. die Arbeiterwohlfahrt gegründet, die sich um konkrete soziale

Fragen der Zeit kümmerte, doch gleichzeitig auch die öffentliche Sozialpolitik vorantreiben wollte. Die AWO wurde eine wichtige Organisation der Sozialdemokratie, in der sich vor allem Frauen engagierten, wobei auch das gesellige Moment eine Rolle spielte. Bedeutsam waren auch Initiativen von Vereinen aus dem sozialdemokratischen Bereich, die Turnhallen, Fußballplätze, Kinder- und Erholungsheime, teilweise als Selbsthilfeeinrichtungen, schufen.

Weiter differenzierten sich die Arbeiterkultur- und Freizeitorganisationen aus – etwa für bestimmte Sportarten, für Angler, Schützen und Schrebergärtner, für Sänger und Laienschauspieler, für Vegetarier, Anhänger der Freikörperkultur und für Naturheilkunde. Es sammelten sich auch Arbeiterradiofreunde und Arbeiterfotografen.

Es ist schwer zu entscheiden, inwieweit diese Vereinigungen eine politisierende oder eine entpolitisierende Funktion hatten. Jedenfalls sahen sie sich vielfach herausgefordert (und sie reagierten auch darauf) durch die Massenfreizeitkultur, durch das Kino, das Radio, die Illustrierten, die Boulevardpresse, durch Fußball und Boxen, die im Arbeitersport keine große Rolle spielten, doch auch die Arbeitermassen zunehmend faszinierten. Dadurch waren die Arbeiterorganisationen in einer Konkurrenzsituation.

Ein Problem für die Arbeiterkultureinrichtungen war auch das Verhältnis von Sozialdemokratie und Kommunisten, das seit Mitte der 20er Jahre teilweise zu Spaltungen oder Abspaltungen führte. Das Gros der Vereine blieb jedoch sozialdemokratisch orientiert. Allerdings war die Entwicklung von SPD und KPD für das sozialistische Milieu nicht folgenlos, zumal die beiden Parteien sich auch soziokulturell unterschieden.

In der Sozialdemokratie dominierten nach wie vor die Facharbeiter, Mitglieder der Partei waren zunehmend auch Angestellte und Beamte, die SPD war in gewisser Weise auf dem Weg zur Volkspartei, auch wenn sie den Begriff der Klassenpartei weiter in Anspruch nahm. Die KPD war sozial anders strukturiert, hatte einen deutlich höheren Anteil von Ungelernten, auch waren die Arbeiter im Durchschnitt jünger.

Ein gewisser Immobilismus ist in der wissenschaftlichen Diskussion der Sozialdemokratie in den 20er Jahren vorgehalten worden. In der Tat gab es Ansätze eines generationellen Gegensatzes. Sowohl die Abspaltung der SAP auf der linken Seite als auch die Aktivitäten des Hofgeismarkreis der Jungsozialisten und der Neuen Blätter für den Sozialismus auf der rechten Seite wurden von jüngeren Sozialdemokraten getragen, die bei der SPD vor allem das Fehlen von Handlungsstrategien und Gestaltungswillen kritisierten.

Sozialdemokratische Politik zur Verteidigung der Republik

Die SPD war zunehmend die einzige relevante Verfassungspartei, obgleich auch hier an ihrem linken Flügel der Reim skandiert wurde: «Demokratie, das ist nicht viel, Sozialismus ist unser Ziel.» Die SPD verteidigte die Republik wie keine andere Partei, war aber am Ende unterlegen. Dafür waren eine ganze Reihe von Faktoren primär außerhalb der Sozialdemokratie verantwortlich.

Zu sehen ist die fatale Entwicklung der Ära der Präsidialkabinette vor dem Hintergrund der Weltwirtschaftskrise und wachsender Massenarbeitslosigkeit, die die Handlungsfähigkeit der Sozialdemokratie und der Gewerkschaften zunehmend einschränkte. In dieser Zeit verstärkte sich der früh begonnene Marsch der Mittelschichten nach rechts, die NSDAP wurde zur Massenbewegung und auch zur stärksten Partei. Generell wuchsen die antidemokratischen Kräfte unterschiedlichster Provenienz und Ausformung. Auf der Linken konnte bei den Wahlen die KPD deutlich zulegen, so dass eine Mehrheitsbildung ohne Beteiligung der Extremparteien nicht mehr möglich war. Die Formen der Auseinandersetzung waren zunehmend durch Gewalt gekennzeichnet, namentlich durch die SA, aber auch durch Rotfront, denen gegenüber sich das Reichsbanner Schwarz-Rot-Gold und die Eiserne Front in Formen und Selbstverständnis als Verteidigungsorganisationen der Republik deutlich unterschieden. Generell machten die Veränderung der Politik, der wachsende Irrationalismus und die Gewaltförmigkeit, der Sozialdemokratie mit ihrer rechtsstaatlichen, mehr auf Aufklärung als auf emotionale Überwältigung zielenden Propaganda erheblich zu schaffen.

In der SPD wurde der Charakter der NSDAP durchaus erfasst. Aus der Feder sozialdemokratischer Theoretiker stammten ausgesprochen scharfsinnige differenzierte Analysen der NS-Bewegung (und des Faschismus überhaupt), die sowohl soziale Veränderungsprozesse als auch den neuen Politikbegriff und darauf bezogene Organisationsstrukturen analysierten. Von einer generellen Unterschätzung des NS kann bei der Sozialdemokratie keine Rede sein, auch wenn man sich den Totalitarismus noch nicht recht vorstellen konnte und teilweise an die Gefahr einer Wiederkehr der Verfolgung wie unter dem Sozialistengesetz glaubte. Im Übrigen vertraten führende Sozialdemokraten wie Otto Wels und Rudolf Breitscheid – noch nicht sehr elaborierte und doch beachtliche – Ansätze zu einer Theorie, die vor allem auf gemeinsame Züge des totalitären Politikanspruchs des Faschismus Mussolinis und des Kommunismus Stalins abhoben.

Die SPD entschloss sich nach den Reichstagswahlen im September 1930, die einen Erdrutschsieg für Hitler und die NS-Bewegung gebracht hatten, zu einer Tolerierungspolitik gegenüber dem Kabinett Brüning, obgleich es eine teilweise antisozialdemokratische Tendenz verfolgte, die Hindenburg und sein Umfeld wollten. Die Sozialdemokraten unterstützten Brüning, weil die Alternative eine autoritäre Rechtsdiktatur oder eine Regierung unter Beteiligung der Nazis unter einer Kanzlerschaft des Führers der Deutschnationalen, Alfred Hugenberg, zu sein schien. Die Sozialdemokratie wollte die NSDAP unbedingt von der Macht fernhalten. Durch die Tolerierungspolitik wollte man zugleich die preußische Regierung unter dem sozialdemokratischen Ministerpräsidenten Otto Braun, der nach wie vor eine Regierung der «Weimarer Koalition» führte, als Bollwerk der Demokratie absichern. In der Tat versuchte die Sozialdemokratie in Preußen und in anderen Einzelstaaten, in denen sie regierte, die Rolle der NSDAP und ihrer Wehrverbände zu begrenzen, und scheute sich auch nicht, ein SA-Verbot durchzusetzen, das indes in rechten Kreisen – bis hin zum Reichspräsidenten Hindenburg – missbilligt wurde.

Für die Sozialdemokratie war die durch einen Putsch Reichskanzler Franz von Papens am 20. Juli 1932 durchgeführte Absetzung der preußischen Regierung ein schwerer Schlag und bedeutete, dass die SPD die letzte wirkliche Machtposition einbüßte. Gewiss hatte die SPD bei den Wahlen zum preußischen Abgeordnetenhaus am 24. April 1932 erhebliche Einbußen erlitten (sie kam nur noch auf 21,2 %, während die NSDAP 36,3 % erhielt) und war nur noch geschäftsführend im Amt. Die Absetzung der Regierung, die als Schritt zur Neuordnung des Verhältnisses von Reich und Preußen dargestellt wurde, war gleichwohl für die demokratische Republik eine ernste Herausforderung. Die Führung der SPD entschloss sich nach einem Votum des ADGB-Vorstandes gegen einen Generalstreik, um auf legalem Weg durch Klage beim Reichsgericht und durch umso entschiedeneren Wahlkampf bei den anstehenden Reichstagswahlen zu antworten, wobei sie das Prinzip der Gesetzlichkeit ihres Vorgehens hervorhob. Eine alternative Strategie jenseits des Legalismus wurde auch deshalb nicht realisiert, weil die Führung glaubte, die Bereitschaft bei den Massen müsse dazu stärker erkennbar sein, während man bei den Reichsbannerleuten auf den Befehl von oben wartete. Dass indes die Sozialdemokratie die Machtprobe hätte gewinnen können, war von der Führung ausgeschlossen worden, was auch heutigen Einschätzungen entspricht.

Zur Schwäche der Sozialdemokratie trug bei, dass der Gegensatz zwischen Sozialdemokratie und KPD nicht nur seit der Revolutionsphase praktisch unüberbrückbar war, sondern sich seit Mitte der 20er Jahre weiter verschärfte, als die KPD – beeinflusst von Stalin und der Komintern – die Sozialdemokratie als «Sozialfaschismus» attackierte und zum Hauptgegner erklärte, eine verheerende Strategie, die die Komintern erst 1934 halbherzig aufgab. Die KPD unterstützte die SPD nicht nur nicht in ihrem demokratischen Abwehrkampf, im Gegenteil: Sie bekämpfte die SPD mit allen Mitteln – ihr Ziel war Sowjetdeutschland.

Die sozialdemokratische Politik war 1931/32 durch einen defensiven Grundzug geprägt, der die Isolierung der Partei reflektierte. Allerdings war die Parteiführung – beeinflusst von Wirtschaftsfachleuten – eher zurückhaltend im Hinblick auf Arbeitsbeschaffungsmaßnahmen; nur zögernd schloss man sich dem WTB-Plan des ADGB an. Die Gewerkschaften ihrerseits hatten begonnen, sich von der SPD abzukoppeln, und waren auch bereit, das Querfrontkonzept Schleichers, das sich auf Arbeiterinteressenvertretung in verschiedenen politischen Lagern jenseits der Parteien zu stützen suchte, mitzutragen. Auch dies schwächte die Position der SPD, während der Versuch des ADGB, zusammen mit den anderen Richtungsgewerkschaften eine Einheitsgewerkschaft zu bilden, nicht mehr erfolgreich war.

Ideell war die Sozialdemokratie die demokratische Alternative sowohl zum NS-Lager als auch zum Kommunismus Moskauer Prägung. Die Partei war jedoch nicht stark genug, um ihren demokratischen Weg so überzeugend darstellen zu können, dass sich die stark geschrumpfte übrige demokratische Gesellschaft mehrheitlich mit ihr verband, obgleich es dazu durchaus eine Tendenz gab.

Hitler und die NS-Bewegung kamen durch ein Bündnis mit den Deutschnationalen und den alten Eliten zur Macht – gegen den entschiedenen Willen der Sozialdemokratie, auch der Kommunisten. Für einen erfolgreichen Widerstand der Sozialdemokratie gab es nach dem 30. Januar 1933, als Hitler die Macht übertragen wurde, keine realistische Chance. Die Nazis begannen sogleich, einerseits einen nationalen Aufbruch zu inszenieren, andererseits mit Terror die politischen Gegner einzuschüchtern. Bei den bereits beeinträchtigten Wahlen am 5. März 1933 erreichte die SPD noch 18,3 % (gegenüber 20,4 % im November 1932 und 21,6 % im Juli 1932), d. h., die Partei konnte sich ein Stück weit selbst zu diesem Zeitpunkt noch behaupten. Gleichwohl stellte Otto Wels resigniert fest: «Wir sind eben geschlagen und müssen wieder von vorn anfangen.»

Dennoch verständigte sich die Partei, trotz massiver Drohungen der Nazis, als einzige Reichstagspartei – die Kommunisten waren vorher schon ausgeschaltet – auf eine große symbolische Handlung, die nicht nur die Ehre der SPD, sondern auch die des deutschen Parlamentarismus rettete. Sie verweigerte am 23. März 1933 dem Ermächtigungsgesetz, durch das die Weimarer Reichsverfassung praktisch außer Kraft gesetzt wurde, die Zustimmung. In seiner Rede zur Begründung der Ablehnung rief der Partei- und Fraktionsvorsitzende Otto Wels Hitler und den NSDAP-Abgeordneten zu: «Wir deutschen Sozialdemokraten bekennen uns in dieser geschichtlichen Stunde feierlich zu den Grundsätzen der Menschlichkeit und der Gerechtigkeit, der Freiheit und des Sozialismus [...] Kein Ermächtigungsgesetz gibt Ihnen die Macht, Ideen, die ewig und unzerstörbar sind, zu vernichten.» Moralische Überlegenheit beanspruchte er mit den Worten: «Freiheit und Leben kann man uns nehmen, die Ehre nicht.» Es fehlt auch in diesem Kontext nicht der – die Brutalität und die Konsequenz des NS unterschätzende – Hinweis auf das Sozialistengesetz: «Auch aus neuen Verfolgungen kann die deutsche Sozialdemokratie neue Kraft schöpfen.»

In der Tat waren Sozialdemokraten in den folgenden Monaten Opfer der Nazis. Insbesondere Sozialdemokraten, die sich im Kampf gegen die Nazis exponiert hatten, wurden verfolgt, sie kamen in sog. «wilde KZs», wurden misshandelt und gedemütigt, etliche verloren ihr Leben. Versuche, die Arbeit der Reichstagsfraktion weiterzuführen, brachte die Abgeordneten in nicht zu bewältigende Zwangssituationen. Führende Sozialdemokraten – häufig an Leib und Leben bedroht – emigrierten ins Ausland, am 10. Mai wurden Einrichtungen der Partei beschlagnahmt, am 21. Juni wurde der SPD jede Betätigung untersagt, am 14. Juli 1933 wurde die SPD offiziell verboten. Die Sozialdemokraten zählten aus der Sicht des NS zu den Kräften des Marxismus, der in Deutschland auszurotten war. Die Ausschaltung der «marxistischen» Arbeiterbewegung in allen ihren Erscheinungsformen war geradezu konstitutiv für die «nationale Revolution».

VI. Verfolgung, Widerstand und Exil der Sozialdemokratie 1933–1945

Zweifellos war die Zeit des Dritten Reiches für die deutsche Sozialdemokratie – wie für die deutsche Gesellschaft – ein tiefer Einschnitt. Und doch gab es über diese Zeit hinweg Kontinuitäten, organisatorisch im Exilvorstand, doch auch im Denken und Handeln von Personen, die sich weiter als Sozialdemokraten fühlten.

1933–1935 wurden Tausende von Sozialdemokraten verschleppt, misshandelt, auch ermordet, in «wilden», dann auch in frühen staatlichen Konzentrationslagern (Dachau, Emslandlager), wobei mit besonderer Schärfe Sozialdemokraten mit jüdischem Hintergrund verfolgt wurden. Tausende flohen ins Ausland, zunächst in die Nachbarländer, später auch darüber hinaus. Es ging den Nazis darum, den politischen Gegner auszuschalten, wobei auch das Motiv der Rache an denjenigen, die sich der NS-Bewegung entgegengestellt hatten, unübersehbar war.

Die Sozialdemokratie war auf den Widerstand nicht vorbereitet. Gewiss versuchte z. B. Theodor Haubach, der stellvertretende Vorsitzende des Reichsbanners, ein Kontaktnetz aufzubauen. Manche Gruppen der Partei oder auch der sozialdemokratischen Organisationen in den bisherigen Hochburgen trafen sich, um Kommunikation und Zusammenhalt zu wahren. «Widerstand als Wartestand», hat Ulrich Borsdorf überpointiert formuliert. Viele wollten einfach «überwintern», d. h. als Sozialdemokraten überleben.

Die sozialdemokratische Gesinnungsgemeinschaft blieb teilweise erhalten, doch erwuchs aus dem sozialistischen Milieu nicht naturwüchsig Widerstand. Widerstand war eine bewusste Entscheidung Einzelner und kleiner Gruppen. Es waren insbesondere selbständige Gruppen der Partei oder im Umfeld der

Partei wie der ISK, die SAP oder Neu Beginnen, die seit Mai 1933 Widerstand leisteten. Widerstandsaktionen waren in bestimmten beruflichen Kontexten leichter zu realisieren; bekannt ist etwa der Widerstand der Eisenbahner und Transportarbeiter um Hans Jahn und Adolph Kummernuss in den ersten Jahren. Manche Gruppen operierten unabhängig von den bisherigen Strukturen.

Aufs Ganze gesehen aber verschlechterten sich die Bedingungen des Widerstandes rasch. Dem NS-System gelang es, die Gesellschaft zu beherrschen und zu durchherrschen und dabei auch große Teile der Bevölkerung einzubinden, mit der Konsequenz, dass Widerstandsaktionen außerordentlich schwierig wurden. Beträchtlich waren die Opfer der Sozialdemokratie, größer die der Kommunisten, wobei sich die Frage stellt, inwieweit die von den Kommunisten gebrachten Opfer nicht auch Folge von wenig sinnvoller Strategie und Taktik waren.

Der Exilvorstand der SPD mit Otto Wels und Hans Vogel als Vorsitzenden, der seinen Sitz zunächst in Prag nahm, 1938 angesichts der Ereignisse nach Paris und dann nach London ging, versuchte in seinem Prager Manifest vom 24. Januar 1934 Konsequenzen aus der veränderten Konstellation zu ziehen, in dem er für den Kampf gegen die NS-Diktatur an die revolutionäre Tradition unter Nutzung des marxistischen Vokabulars anzuknüpfen versuchte. Der Aufruf endete mit der Beschwörung der «großen und unvergänglichen Ideen» der Sozialdemokratie: «Wir wollen nicht leben ohne Freiheit und werden sie erobern. Freiheit ohne Klassenherrschaft, Freiheit bis zur völligen Aufhebung aller Ausbeutung und aller Herrschaft von Menschen über Menschen [...] Durch Freiheit zum Sozialismus, durch Sozialismus zur Freiheit!» Über Grenzsekretariate hielt der Exilvorstand («Sopade») Kontakt zu Vertrauensleuten im Reich, wertete Berichte aus und versuchte über das Geschehen im Reich zu informieren, Exil und Widerstand arbeiteten zusammen. Die deutschen Sozialdemokraten im Exil machten freilich die Erfahrung, dass ihre Aufklärungsarbeit in der internationalen Öffentlichkeit wenig bewirkte.

Im Exil wurden die Gegensätze in der Arbeiterbewegung

nicht überwunden, im Gegenteil: Tendenzen zur Herausbildung sektiererischer Haltungen sind nicht zu übersehen. Auch der Gegensatz von Sozialdemokraten und Kommunisten wurde – allenfalls punktuell – in der Emigration überwunden; erst 1935 wurde von der Komintern ein Einheitsfrontangebot formuliert, mit dem ihr Kampf gegen die Sozialdemokraten als Sozialfaschisten aufgegeben wurde. Auch in den Konzentrationslagern bestand der Gegensatz ganz überwiegend weiter. Immerhin bewegten sich während des Krieges die kleineren Organisationen zwischen KPD und SPD wieder auf die Sozialdemokratie zu; 1941 wurde in London die «Union sozialistischer Organisationen in Großbritannien» gegründet, in der alle Gruppen mit Ausnahme der Kommunisten vertreten waren, deren bedingungslose Loyalität zu Stalin ein wesentliches Hindernis war.

Sozialdemokraten, die versuchten, ihre politische Identität zu wahren und sich dem NS zu entziehen und Distanz zu wahren, gab es die ganze NS-Zeit über auch im Reich. Keine Frage aber, dass sich viele auch anpassten, zumal sie keine Chance sahen, sich zu behaupten. Auch die Arbeiterklasse war auf die Dauer nicht immun gegenüber dem NS und seinen attraktiven Seiten.

Bemerkenswerterweise haben eine ganze Reihe von Sozialdemokraten, die schon in den Jahren 1933–1935 verfolgt wurden, ihr widerständiges Verhalten auch danach nicht aufgegeben. Sozialdemokratischen Persönlichkeiten wie Julius Leber, Wilhelm Leuschner, Theodor Haubach und Carlo Mierendorff gelang es sogar, in Kontakt zu kommen mit der Widerstandsbewegung hoher Militärs und Beamter, die schließlich am 20. Juli 1944 versuchte, durch ein Attentat auf Hitler die Macht zu erobern, um den Krieg zu beenden und im Falle des Fehlschlages wenigstens ein Zeichen zu setzen gegen die Unmenschlichkeit der Politik Hitlers und des NS-Systems. Die Widerstandsbewegung rekrutierte sich zwar überwiegend aus der militärischen und bürokratischen Führungsschicht, war geleitet von der Idee eines politisch-gesellschaftlichen Gegenkonzeptes zum Dritten Reich, hatte aber einen keineswegs unerheblichen sozialdemokratischen Anteil, der insbesondere im Kreisauer Kreis erkennbar ist. Als Reichskanzler vorgesehen war zwar Carl Goerdeler,

Stauffenberg hätte jedoch lieber den Sozialdemokraten Julius Leber an seiner Stelle gesehen. Dieser war als Innenminister vorgesehen. Wilhelm Leuschner, der frühere sozialdemokratische hessische Innenminister und Gewerkschafter, sollte Vizekanzler werden, Theodor Haubach Sprecher der Regierung und Leiter des Informationsamtes. Es muss Spekulation bleiben, wie die Lage sich bei einem Erfolg weiterentwickelt hätte; wahrscheinlich hätte sich die sozialdemokratische Komponente verstärkt – auch durch die dann wahrscheinliche Einwirkung des Exils und der internationalen Konstellation, wie Leber annahm. Angesichts des Scheiterns des Aufstandes, das die Männer des Widerstandes das Leben kostete – «Für eine gute und gerechte Sache ist der Einsatz des Lebens der angemessene Preis», ließ Leber seinen sozialdemokratischen Freunden in Lübeck bestellen –, wurde der Krieg weitergeführt, mit nun ungeheuer ansteigenden Opferzahlen.

Auch für die deutsche Sozialdemokratie waren NS-Zeit und Krieg eine Katastrophe. Führende Sozialdemokraten starben im Exil wie Otto Wels und Hans Vogel oder wurden von den Nazis ermordet wie Rudolf Breitscheid, Rudolf Hilferding, Ernst Heilmann, Julius Leber, Theodor Haubach, Adolf Reichwein und Fritz Husemann. Viele Sozialdemokraten starben an der Front, nicht wenige in Strafkompanien. Manche überlebten, teilweise schwer gezeichnet, die Konzentrationslager wie Kurt Schumacher. Zu den KZ- und Zuchthaushaftüberlebenden gehörten neben Schumacher eine ganze Reihe von Sozialdemokraten, die in der Nachkriegszeit in der Sozialdemokratie wieder eine Rolle spielen sollten wie Hermann Lüdemann, Alfred Kubel, Fritz Steinhoff, Fritz Erler, Fritz Henßler, Georg Diederichs und Hermann Brill, der wesentlich an der Formulierung des Buchenwald-Schwurs der früheren Häftlinge beteiligt war.

Die deutschen Sozialdemokraten im Exil, die «mit dem Gesicht nach Deutschland» lebten, widersprachen während des Krieges generalisierenden deutschfeindlichen Tendenzen, etwa dem Vansittartismus und den Kollektivschuldthesen. Sie arbeiteten in diesen Jahren an Konzepten für eine Neuordnung in Deutschland. Alle wollten die deutsche Einheit erhalten,

Deutschland jedoch in der Regel in den europäischen Kontext einordnen, wobei manchen ein vereinigtes Europa vorschwebte. Dabei waren Konzepte einer Dritten Kraft erkennbar, vor allem aber die eines Dritten Weges, bei dem Demokratie und Menschenrechte einerseits unverzichtbar waren und auch nicht mehr als Mittel zum Zweck betrachtet wurden, andererseits aber eine weitergehende sozialistische Umgestaltung der Verwaltung und von Teilen der Wirtschaft angestrebt wurde. Bedeutsam war für die meisten die Erfahrung der Demokratie des Westens und Nordeuropas mit ihrem selbstverständlichen Pluralismus, was auf eine Schwächung marxistischer Denk- und Politikansätze hinauslief.

Die in Deutschland überlebt hatten, waren stärker als die aus dem Exil Zurückkommenden an den Traditionen der deutschen Sozialdemokratie orientiert, umso mehr, als sie in der NS-Zeit – wie Schumacher – lange Zeit inhaftiert gewesen waren. Doch war die Gesellschaft, in der dann nach dem Kriege neu begonnen werden musste, eine andere als die der Weimarer Zeit: Die traditionellen Milieus waren aufgelockert und die alten Gewissheiten dahin. Vor allem hatten viele durch die Erfahrungen der NS-Zeit, auch des Krieges, den Glauben an den Menschen und an die Geschichte eingebüßt. Man war einer völlig veränderten Konstellation ausgesetzt.

VII. Weichenstellungen in den Nachkriegsjahren

Krieg und Drittes Reich endeten in einem beispiellosen Desaster: Millionen Tote waren zu beklagen, die Städte zerbombt, die Wirtschaft daniederliegend, Obdachlosigkeit von Hunderttausenden, enorme Versorgungsprobleme, der sich abzeichnende Verlust großer Siedlungsgebiete, das Reich von den Alliierten besetzt und in Zonen aufgeteilt.

Bemerkenswerterweise wurde die deutsche Sozialdemokratie in dieser Konstellation an vielen Orten wiedergegründet, teilweise sogar vor der offiziellen Kapitulation und ohne Genehmigung der Alliierten. Und das rasche Wachsen der Partei 1945/46, das über den Stand der Weimarer Zeit hinausging, lässt erkennen, dass die SPD für viele eine Hoffnung war – für alte Sozialdemokraten und ihre Kinder, doch auch für Menschen, die den Weg zur Sozialdemokratie neu fanden. Inwieweit die Gründung nur die Fortführung der SPD vor 1933 war oder aber neue Wege ging, war zunächst offen. Denkbar waren die Wiederherstellung der SPD der Weimarer Zeit, die Neugründung einer sozialistischen Partei unter Einschluss der Kommunisten, die Gründung einer deutschen Labour Party oder auch die Bildung einer linken Volkspartei. Über diese Alternative entschieden die Umstände, die durch die unterschiedliche Ziele verfolgenden Alliierten stark beeinflusst waren, doch auch diejenigen, die sich in der Sozialdemokratie engagierten.

Es waren Sozialdemokraten der Weimarer Zeit, die vielerorts die Initiative zur Wiedergründung der SPD ergriffen. Sie hatten überlebt, hatten «überwintert», eine Minderheit hatte Widerstand geleistet oder doch versucht, sich zu verweigern. Viele hatten in wichtigen Industrien gearbeitet oder waren Soldaten geworden, hatten den Krieg an der Front erlebt, andere den Bombenkrieg.

Hinzu kamen Sozialdemokraten, die verfolgt worden waren, in Zuchthäusern und Konzentrationslagern inhaftiert waren, wie Kurt Schumacher, der zehn Jahre KZ-Haft überlebt hatte. Auch einige der sozialdemokratischen Ministerpräsidenten der Nachkriegsperiode kamen aus dieser Gruppe: Christian Stock (Hessen), Hermann Lüdemann (Schleswig-Holstein), Georg Diederichs und Alfred Kubel (beide Niedersachsen), Fritz Steinhoff (NRW). Zu nennen wären Männer wie Fritz Erler, in den 60er Jahren Fraktionsvorsitzender im Deutschen Bundestag und stellvertretender Parteivorsitzender, oder auch Walter Kolb, Fritz Henßler, Robert Görlinger, auch Frauen wie Martha Fuchs und Jeanette Wolff, um nur einige Männer und Frauen der ersten Stunde und der Nachkriegsperiode beispielhaft aufzuführen.

Doch auch aus der Emigration kamen Sozialdemokraten zurück, auch unter ihnen etliche, die in der Nachkriegsperiode eine wichtige Rolle spielen sollten: Erich Ollenhauer, Ernst Reuter, Willy Brandt, Max Brauer, Willi Eichler, Heinz Kühn, Waldemar von Knoeringen und Erwin Schoettle. Sie brachten häufig sozialdemokratische Anschauungen aus West- und Nordeuropa mit, die sie in die deutsche Sozialdemokratie einbrachten. Zum Sozialdemokraten gewandelt hatte sich in der Verarbeitung der Erfahrungen im Stalinismus der KPD-Spitzenfunktionär Herbert Wehner, der zu einem der einflussreichsten Sozialdemokraten der Nachkriegszeit wurde.

In der Sozialdemokratie spielten aber auch Menschen mit eher bürgerlichem Hintergrund eine Rolle, entschiedene Demokraten wie Adolf Arndt, Carlo Schmid, Karl Schiller oder auch Fritz Bauer. Es gelang der neuen Sozialdemokratie unter Führung Kurt Schumachers sogar, junge Leute anzusprechen, die der HJ-Generation angehörten und nun nach Neuorientierung suchten.

Alle diese Gruppen hatten Unterschiedliches erlebt und erfahren. Eine Erlebnisgemeinschaft waren sie nicht, doch stimmten sie darin überein, dass sie die jüngste Vergangenheit überwinden und sich durch Engagement in der Sozialdemokratie für eine neue freiheitliche sozialistische Ordnung und Frieden einsetzen wollten.

Verbreiterte sich in den Nachkriegsjahren in mancher Hinsicht sozial und generationell die Sozialdemokratie, so galt dies auch für die politischen Richtungen. So schlossen sich nun die kleinen selbständigen sozialistischen Gruppen der Sozialdemokratie an: der ISK, die SAP und Neu Beginnen, Gruppen, die in Widerstand und Exil eine wichtige Rolle gespielt hatten.

Schwierig war das Verhältnis zu den Kommunisten. In Sachsen und Thüringen, auch in den Hansestädten gab es durchaus unter Sozialdemokraten den Wunsch, die Spaltung der Arbeiterbewegung zu überwinden. In diesen Regionen entstammten Sozialdemokraten und Kommunisten häufig gleichen sozialistischen Milieus, doch spielten bei dem Wunsch auch die Erfahrung der Niederlage gegen die Nazis 1933, der Respekt vor dem Widerstand von Kommunisten während der NS-Zeit oder auch die Idee, die Partei August Bebels wiederherzustellen, eine

Rolle. Verkannt wurde dabei, dass der Gegensatz von Sozialdemokraten und Kommunisten nicht das Ergebnis unglückli-
cher Geschehnisse nach dem Ersten Weltkrieg war, auch der
Unterschied nicht lediglich in unterschiedlichen Graden von
Radikalität bestand, sondern auf deutlich gegensätzlichen politischen Prinzipien und Werten beruhte und deshalb sich die Entwicklung nicht einfach zurückdrehen ließ, zumal der Kommunismus seine Vormacht in der Sowjetunion, einer der großen
Siegermächte des Zweiten Weltkrieges, hatte und diese die Aus-
breitung des kommunistischen Herrschaftsbereichs vorantrieb.
Gegen eine Partei unter Einschluss der Kommunisten wandten
sich die Sozialdemokraten überwiegend in West- und Süd-
deutschland. Die Skepsis gegenüber den Kommunisten breitete
sich im Laufe des Jahres 1945 weiter aus, wobei die Politik der
KPD und der sowjetischen Besatzungsmacht sich auswirkte.

Bereits am 6. Mai 1945 trat Kurt Schumacher mit einer pro-
grammatischen Rede an die Öffentlichkeit. Er machte Hannover, eine alte Hochburg der Sozialdemokratie, zum Zentrum der
Sozialdemokratie in der britischen Zone, dann im Westen überhaupt. Ab Mitte Juni trat ein sozialdemokratischer Zentralausschuss in Berlin unter Führung Otto Grotewohls mit dem Anspruch auf, die Sozialdemokratie koordinieren und führen zu
wollen. Dieser Anspruch wurde im Westen – angesichts der zu
befürchtenden Abhängigkeit des Ausschusses von der sowjetischen Besatzungsmacht – nicht anerkannt, wie sich bereits deutlich an der ersten interzonalen Konferenz der Sozialdemokratie
in Wennigsen bei Hannover im Oktober 1945 zeigte. Die Sozialdemokraten in den Westzonen und in der Ostzone gingen bald
verschiedene Wege, die im Osten gezwungenermaßen.

Aufs Ganze gesehen, waren durch NS-Politik und Krieg die
traditionellen deutschen sozialmoralischen Milieus, besonders
das sozialistische Arbeitermilieu, das ohnehin unterschiedlich
ausgeformt gewesen war, aufgelockert worden. So machten sich
Differenzierungen bemerkbar durch unterschiedliche Kriegser-
fahrungen, auch durch generationell unterschiedliche Grade der
Prägungen durch die NS-Erziehung. In mancher Hinsicht war
die politisch-moralische Orientierung in der Zusammenbruchs-

gesellschaft diffuser als in der Weimarer Republik, was nicht nur die Kirchen, sondern auch die demokratischen Parteien vor neue Aufgaben stellte. Allerdings drängten sich die elementaren Probleme zunächst in den Vordergrund, traditionelle familiäre Solidarstrukturen lebten wieder auf, und der Rückzug ins Private war gleichzeitig unübersehbar. Eine Politisierung mit weitgehender Integration stieß jetzt auf Ablehnung. Vor diesem Hintergrund ist der Tatbestand erklärlich, dass die Sozialdemokratie nicht versuchte, die Arbeiterbewegungskultur – sieht man von den Jugendorganisationen und einzelnen Organisationen ab – zu restaurieren, was eine bewusste Entscheidung war. An Stelle einer Arbeiterkultur bzw. Arbeiterbewegungskultur suchte man eine demokratische Kultur zu schaffen. Willy Brandt hat retrospektiv geurteilt: Nach 1945 konnte man natürlich nicht einfach dort wieder anfangen, wo «man 1933 hatte aufhören müssen [...] Zu dem Versuch, neu anzufangen, gehörte die Entscheidung, nicht mehr notwendigerweise auf ‹sozialistische Art› zu turnen, zu wandern, zu singen und Briefmarken zu sammeln. Dies bedeutete den Verzicht auf jene ‹Subkultur›, die Überzeugungen befestigte und der politischen Arbeiterbewegung wichtige Rekrutierungsfelder geboten hatte.» Er habe diesen Teil des Wandels ohne eigentliches Bedauern betrachtet. Für eine auf mehr als formale Demokratie angelegte gesellschaftliche Ordnung sei es eher «ein Vorteil, wenn sich die parteipolitische Abkapselung in Grenzen hält [...] Der nachwachsenden Generation bekommt es besser, wenn sie lernt, daß Glieder eines Volkes als Bürger des Staates oder der Gemeinde untereinander auskommen müssen.» Brandts Urteil spiegelt den Wandel der Sozialdemokratie zu einer Partei, die den westlichen Pluralismus zunehmend bejahte.

Die SPD und die Entstehung der SED

Von erheblicher Bedeutung für die Nachkriegsentwicklung in Deutschland war die Gründung der SED durch den – mit fragwürdigen Mitteln der Besatzungsmacht und der KPD herbeigeführten – Zusammenschluss («Zwangsvereinigung» aus sozialdemokratischer Sicht) der KPD und der SPD zur SED, durch die die SPD im sowjetischen Herrschaftsbereich (abgesehen von Ost-Berlin) als selbständiger Faktor ausgeschaltet wurde. Die deutsche Spaltung wurde ironischerweise symbolisch durch diese Vereinigung antizipiert, die eine Spaltung überwinden sollte – jedenfalls in diesem Sinne inszeniert worden war –, doch das Gegenteil bewirkte – parteipolitisch und national.

Hatte die KPD 1945 Bestrebungen zu einer gemeinsamen Partei der Arbeiterklasse zunächst eine Absage erteilt, so wechselten Sowjetische Besatzungsmacht und KPD unter dem Eindruck des deutlich größeren Wachstums der Sozialdemokratie ihre Strategie. Gestützt auf die kommunistischen Kader und die Besatzungsmacht, sollte nun eine Einheitspartei mit der Absicht durchgesetzt werden, die Sozialdemokratie auszuschalten – wie Wilhelm Pieck schon 1944 in Moskau als Ziel formuliert hatte. Otto Grotewohl war zwar inzwischen mit dem Zentralausschuss im Hinblick auf eine Einheitspartei skeptischer geworden, versuchte sich dagegen zu wenden, veränderte freilich bei der sog. 60er Konferenz (an der hälftig Kommunisten und Sozialdemokraten teilnahmen) im Dezember 1945 seine Position, worüber viel gerätselt worden ist. Jedenfalls ging er den für ihn persönlich sicherlich bequemeren Weg. Vielleicht erschien ihm ein anderer unrealistisch. Jedenfalls gab Grotewohl nicht nur seine sozialdemokratische Identität auf, sondern betrieb zunehmend auch eine antisozialdemokratische Politik.

Die Besatzungsmacht und die KPD setzten alle Mittel ein, um widerstrebende Sozialdemokraten für die Einheitspartei zu gewinnen – durch Einschüchterung, durch Verhaftungen und andere Repressionen, durch Täuschung und Verlockung. Nach traditioneller kommunistischer Strategie versuchte man zudem, die SPD über die Betriebe unter Druck zu setzen. Zugleich unternahm man alles, um eine freie Meinungsbildung in der SPD zu unterbinden.

Nur in Berlin gelang es, eine Urabstimmung unter den Sozialdemokraten per Parteitagsbeschluss durchzusetzen. Allerdings konnte sie nicht im Ostsektor, sondern nur in den Westsektoren der Stadt durchgeführt werden, in denen das Ergebnis ziemlich eindeutig ausfiel. Zwar hatten 60 % nichts gegen eine Zusammenarbeit von SPD und KPD, doch 82 % sehr wohl etwas gegen eine rasche Vereinigung. Wie die SPD und die SED auch in Ost-Berlin eingeschätzt wurde, zeigte sich bei den Stadtbezirkswahlen am 20. Oktober 1946: Die SPD erzielte 43,6 %, die SED 29,9 % und die CDU 18,7 %; bei späteren Wahlen war die SPD-Dominanz noch eindeutiger. Ungeachtet des Tatbestandes, dass nicht wenige Sozialdemokraten – die Absichten der Besatzungsmacht und der Kommunisten verkennend – die Bildung der Einheitspartei zunächst positiv zu sehen versuchten, erfolgte die Zustimmung der Sozialdemokratie nicht durch freie Willensbildung.

Am 21./22. April 1946 wurde dann die Vereinigung zelebriert, Pieck und Grotewohl bekräftigten sie durch ihren Händedruck; das Symbol der Partei wurden die aus der Tradition der Arbeiterbewegung entlehnten verbundenen Hände. Die Sozialdemokraten waren scheinbar überall gleichberechtigt, indem sie auf jeder Ebene anfangs einen der beiden Vorsitzenden stellten. Doch wurde der Einfluss der Sozialdemokratie bald zurückgedrängt. Insbesondere Sozialdemokraten, die ihre Identität zu wahren versuchten, wurden ausgeschaltet, nicht selten verhaftet, im Zeitraum 1946–52 180 000 aus der Partei ausgeschlossen. Mit dem Übergang zur Partei neuen Typs 1948 wurde die SED nach kommunistischen Prinzipien umstrukturiert und das Kaderprinzip eingeführt. Auf die Dauer wurden die Mitglieder dann als Kommunisten definiert; in den 70er Jahren hat man sogar eine Umbenennung, die das Wort kommunistisch wieder in den Parteinamen hineinnahm, erwogen. Aufs Ganze gesehen, gelang es, die SPD in der SBZ/DDR auszuschalten.

Beträchtlich war die Zahl der sozialdemokratischen Opfer. Begründete Schätzungen sprechen von 5000–6000 als «Spione» oder «Schumacher-Agenten» verurteilten Sozialdemokraten. Tausende flohen in den Westen. Die Verfolgung der Sozialdemokraten erinnerte die Betroffenen an die NS-Zeit; manche Sozialdemokraten wurden in beiden – gewiss in ihrem Selbstverständnis unterschiedlichen – Regimen verfolgt.

Als sich am 17. Juni 1953 in zahlreichen Städten der DDR die Menschen gegen das SED-Regime erhoben, war dabei eine starke sozialdemokratische Komponente erkennbar – in den Formen der Auseinandersetzungen (Streiks, Demonstrationen) und in den Zielen, wie die verschiedenen Forderungskataloge der Streikenden zeigten. Der 17. Juni 1953 war für die SED fortan ein Trauma, für die SPD das Symbol des Einheitswillens der Deutschen, insbesondere der «deutschen Arbeiterklasse».

«Sozialdemokratismus» war in der SED und im SED-Staat seit den 50er Jahren ein schwerwiegender Vorwurf, der zusammen mit anderen Vorwürfen zum Parteiausschluss und zur Bestrafung führen konnte. «Sozialdemokratismus» war stets eine Gefahr für die SED, besonders als im Kontext der von den westdeutschen Sozialdemokraten seit 1969 eingeleiteten Vertragspolitik und der «Normalisierung» des Verhältnisses Begegnungen mit Sozialdemokraten häufiger wurden.

Die Gründung der Bundesrepublik

Auch in den Westzonen rieb sich die SPD an den von den Alliierten gesetzten Rahmenbedingungen, doch konnte sie hier die Entwicklung, u. a. über die Länderparlamente und die Länderregierungen, mitgestalten. Die SPD hat den Prozess zur Gründung des Weststaates und die Ausarbeitung des Grundgesetzes der Bundesrepublik nicht unerheblich beeinflusst.

Der erste Parteitag der SPD, der überzonalen Charakter hatte, fand im Mai 1946 nicht zufällig in Hannover statt. Zum Vorsitzenden wurde Kurt Schumacher, zum stellvertretenden Vorsitzenden Erich Ollenhauer gewählt. Verkörperte der eine den Widerstandswillen der Sozialdemokratie gegen Hitler im Reich, so war der andere Repräsentant des Exils, der die wiederentstandene Partei über den Exilvorstand und mit dem Vorstand in der Weimarer Republik verknüpfte.

Kurt Schumacher wurde die charismatische Figur der Sozialdemokratie der Nachkriegszeit. Schumacher, der im Ersten Weltkrieg einen Arm verloren hatte und dem als Folge seiner 10-jährigen Haft im KZ in der Nachkriegszeit auch noch ein Bein amputiert werden musste, war ein leidenschaftlicher Redner. Bilder des hageren Mannes am Rednerpult vor Tausenden von Zuhörern vor der Silhouette von zerstörten Häusern oder gestützt auf seine Sekretärin Annemarie Renger haben sich den Zeitgenossen tief eingeprägt. Sicherlich war er eine Symbolfigur der deutschen Nachkriegszeit wie der Tradition der Sozialdemokratie. Ein wenig erinnerte er in seiner Stellung in der Partei an Ferdinand Lassalle, dessen Staatsbejahung (wie schon seine Dissertation aus den 20er Jahren zeigt) er teilte, auch dessen Willen zur Freiheit nach innen und nach außen. Schumacher sah Demokratie und Sozialismus in einem gegenseitigen Bedingungsverhältnis. Eine engere Zusammenarbeit mit den Kommunisten kam für ihn nicht in Frage; die KPD betrachtete er als eine Filiale Moskaus. Schumacher sah in der deutschen Sozialdemokratie die Kraft, die anders als die anderen Parteien von der Linie der Menschlichkeit und Demokratie in der jüngsten Zeit nicht abgewichen war. Das gab ihm Selbstbewusstsein gegenüber dem bürgerlichen Lager, das er für die NS-Politik verantwortlich machte, doch auch gegenüber den Alliierten, die Schumacher wegen seiner energischen Vertretung deutscher Interessen geradezu als Nationalisten wahrnahmen.

Die Sozialdemokraten forderten unter Führung Schumachers die Wiederherstellung Deutschlands in den Grenzen von 1937. Dies war unter den demokratischen Parteien Konsens, und das Engagement für die nationale Einheit setzte nur die Politik der Sozialdemokratie der Weimarer Zeit fort. Allerdings wollte die Sozialdemokratie zugleich die europäische Vereinigung, die für sie freilich die deutsche Einheit zur Voraussetzung hatte.

Die SPD lehnte die Kollektivschuldthese ab, wollte jedoch die Täter zur Rechenschaft ziehen und die für die deutsche Katastrophe verantwortlichen Individuen und Gruppen klar benennen. Im Gegensatz zu den anderen Parteien plädierte sie früh für Wiedergutmachungsleistungen, auch gegenüber den Juden.

Die Sozialdemokratie war in der Nachkriegszeit in beträchtlichem Maße mit der Bewältigung der Probleme der Zusammenbruchsgesellschaft beschäftigt, so dass kaum Raum für theoretisch-konzeptionelle Arbeit blieb. Und doch lassen sich Veränderungen der Positionen der Partei gegenüber der Weimarer Zeit feststellen, die teilweise auf Schumacher zurückgingen:

1) Die Partei sollte nach Schumacher auf eine einheitliche weltanschauliche Basis verzichten und sich zu einem weltanschaulichen Pluralismus bekennen. Sozialdemokratische Politik ließ sich mit der Bergpredigt, dem Humanismus oder auch marxistischen Überzeugungen begründen, eine Feststellung, die geeignet war, das Verhältnis zu den Kirchen zu verbessern und zugleich die Auseinandersetzung mit der bikonfessionellen CDU zu erleichtern.

2) Marxismus als Methode spielte zwar nach wie vor eine Rolle. Doch marxistisch-theoretische Begründungen sozialdemokratischer Politik schwächten sich ab.

3) Der traditionelle sozialdemokratische Geschichtsglaube war durch die Erfahrung des Ersten Weltkrieges, des Dritten Reiches und des Zweiten Weltkrieges obsolet geworden. Die kulturpolitische Konferenz in Ziegenhain 1947 war sich darin einig, dass die Geschichte nicht eine ihr immanente Richtung auf eine sozialistische Gesellschaft als Telos hatte. Es galt vielmehr, die politischen Verhältnisse zu gestalten und die Geschichte immer wieder neu in die richtige Richtung zu lenken und Regressionen zu verhindern.

4) Demokratie war Selbstzweck, keineswegs nur Mittel für die Realisierung von Sozialismus. Demokratie war ohne Sozialismus gefährdet, Sozialismus ohne Demokratie unmöglich. Der Gegensatz zu den Kommunisten war deshalb nicht aufhebbar.

5) Basis der SPD sollte nach Schumacher zwar die arbeitende Bevölkerung sein, doch wollte er die Partei zu den Mittelschichten und zur Jugend öffnen; Konturen eines Volksparteikonzeptes deuteten sich an.

Die konkrete Problemlage wie die sozialdemokratische Tradition motivierten die Partei dazu, dass sie den Wiederaufbau der Wirtschaft planen und lenken wollte, und in der Wirtschaft eine sozialistische Komponente durch die Überführung der Grundstoffindustrien in Gemeineigentum und durch die Kontrolle der Finanzinstitute durchsetzen wollte. Die Erfahrungen von Weimar schienen nahezulegen, dass wirtschaftliche Macht politisch zu kontrollieren und zu begrenzen war. Konkret bedeutete dies, dass die Sozialdemokratie bei dem Versuch von Sozialisierungen auf Länderebene in Gegensatz zu den Besatzungsmächten, insbesondere zu den Amerikanern, geriet, die Sozialisierungsmaßnahmen blockierten.

Bedeutsam war auch, dass die SPD im Frankfurter Wirtschaftsrat, da sie hier den Direktor für Wirtschaft nicht stellen konnte, in die Opposition ging und Ludwig Erhards Konzept der sozialen Marktwirtschaft, das sich wider Erwarten als erfolgreich erwies, attackierte. Hier wurde die sozialdemokratische Oppositionshaltung im Deutschen Bundestag schon antizipiert.

Die SPD sah freilich nicht nur im Marshallplan ein positives Konzept, sie plädierte unter Schumachers Führung auch für eine Politik, die die Westzonen mit Hilfe des Westens so entwickelte, dass sie eine Magnetwirkung auf den Osten ausübten, eine Theorie, die dann auch Adenauer vertrat. Dies setzte eine prinzipielle Westorientierung voraus, mit der die SPD ihre Politik seit dem 19. Jahrhundert fortsetzte. Nicht zuletzt die Lage in Berlin, die Blockade der Stadt 1948 durch die Sowjetunion, gegen die sich die Bevölkerung unter Führung des sozialdemokratischen Regierenden Bürgermeisters Reuter und die Westmächte, die damit zu Verbündeten wurden, mit einer Luftbrücke wehrten, verstärkten die Anlehnung an den Westen.

So trug die Sozialdemokratie den Weg zur Weststaatsgründung mit, wollte in diesem freilich – entschiedener als Adenauer und die Union – ein Provisorium sehen. Andererseits waren es insbesondere die Sozialdemokraten, die im Parlamentarischen Rat dafür sorgten, dass nicht nur eine lockere Föderation, die die Westalliierten und auch Adenauer wollten, sondern ein handlungsfähiger Staat entstand. Insbesondere der Sozialdemokrat Carlo Schmid, «von Haus aus» Staatsrechtler, hatte im Parlamentarischen Rat als Vorsitzender des Hauptausschusses großen Anteil an der Erarbeitung des Grundgesetzes. Auf ihn geht z. B. das konstruktive Misstrauensvotum zurück, das verhindern soll, dass sich negative Mehrheiten wie in der Weimarer Republik bilden. Überhaupt war man bemüht, Fehler der Weimarer Republik zu vermeiden.

Die Schaffung eines konsequent parlamentarischen Systems

wurde von den Sozialdemokraten mitgetragen, obgleich ihr Demokratiebegriff umfassender war als der der bürgerlichen Parteien. Die Sozialdemokratie versuchte im Parlamentarischen Rat nicht, demokratisch-sozialistische Vorstellungen im Grundgesetz zu verankern, allerdings Möglichkeiten dazu offenzuhalten. Bedeutsam war in diesem Kontext die Durchsetzung des Sozialstaatspostulats, das durch die Sozialgesetzgebung zu konkretisieren war. Dass den Parteien im Grundgesetz eine positive Rolle zugesprochen wurde, war ein Stück Anerkennung politischer Realität und Ausdruck des Bemühens, den traditionellen deutschen Antiparteienaffekt zu überwinden, in dem obrigkeitsstaatliches und antipluralistisches Denken nachwirkten.

VIII. Die SPD als «konstruktive Opposition» in den 50er und 60er Jahren

Die SPD unter Schumacher glaubte einen moralischen Anspruch auf politische Führung der Bundesrepublik Deutschland erheben zu können. Doch schon bei den Landtagswahlen vor Gründung der Bundesrepublik war sie hinter der neu gegründeten CDU/CSU, die von Anfang an als bürgerliche Sammlungspartei fungierte, zurückgeblieben (im Durchschnitt SPD 34,9 %, CDU/CSU 37,7 %). Und auch bei der ersten Bundestagswahl 1949 siegte die CDU/CSU mit 31 % knapp gegen die SPD mit 29,2 %. Da weder Adenauer noch Schumacher eine große Koalition wollten und Adenauer eine bürgerliche Koalition zu Stande brachte, landete die SPD in der Opposition – sie akzeptierte diese Rolle, die sie als wichtige Aufgabe im parlamentarischen System betrachtete und die sie in ihrer Geschichte meist eingenommen hatte. Problematisch für die SPD war, dass die CDU bei den folgenden Wahlen ihre Stellung deutlich ausbauen konnte, 1957 sogar die absolute Mehrheit erreichte, während die SPD stagnierte (1953 28,8 %, 1957 31,8 %) und erst bei den Wahlen in den 60er Jahren schrittweise ihren Anteil erhöhen konnte.

Die CDU/CSU war für zwei Jahrzehnte die führende Regierungspartei, während die Sozialdemokratie von 1949 bis 1966 auf die Oppositionsbänke verwiesen war. Der normale parlamentarische Wechsel schien blockiert zu sein; in den 60er Jahren begann man kritisch vom «CDU-Staat» zu sprechen – in einer Zeit, als die dominante Stellung der CDU/CSU auch angesichts von Auseinandersetzungen im bürgerlichen Lager zu wanken begann.

Opposition in der Ära Adenauer

Obgleich die SPD das Grundgesetz mitgestaltet hatte und auf Länderebene und mit den Kommunen vielfältig Verantwortung trug, wirkte die «konstruktive Opposition» der SPD unter Schumacher intransigent, was sicherlich auch mit der Rhetorik Schumachers zusammenhing. Die SPD erhielt das Image einer Neinsagerpartei, was auch dadurch gefördert wurde, dass die Neuansätze der Nachkriegsjahre im Bild der Partei zunehmend in den Hintergrund traten – ihre Politik schien in traditionelle Bahnen zurückzulenken. Sie büßte jedenfalls an Attraktivität ein, was sich in Mitgliederrückgang ausdrückte.

Neu war gegenüber der Weimarer Zeit, dass die SPD einen wesentlichen Schwerpunkt in den Bereich der Deutschlandpolitik legte. Geleitet von dem Anspruch demokratischer Selbstbestimmung, die aus der Sicht Schumachers eine Unterordnung der deutschen Politik unter die der Alliierten nicht zuließ, vor allem aber orientiert am Ziel einer raschen Wiederherstellung der deutschen Einheit, opponierte die SPD, die in ihrem Heidelberger Programm die Vereinigten Staaten von Europa als Ziel formuliert hatte, gegen die Adenauersche Westintegrations- und die damit verschränkte Deutschlandpolitik. Aus der Sicht der Sozialdemokratie förderte diese Politik nicht nur nicht die deutsche Gleichberechtigung, sondern verfestigte auch die deutsche Spaltung. Eine Integration nur des westlichen Teil Deutschlands in europäische Gemeinschaften verbot sich deshalb. Dabei war Adenauers Wille zur Wiedervereinigung keineswegs über jeden Zweifel erhaben, das Ziel rangierte für ihn hinter dem Ziel der gemeinsamen Sicherheit, für gänzlich abwegig hielt er ein wiedervereinigtes neutrales Deutschland, das zeitweilig für die Sozialdemokratie im Kontext einer europäischen Friedensordnung eine Perspektive bot.

Allerdings folgten nicht alle Sozialdemokraten dem Kurs Schumachers. Anders als dieser befürworteten Ernst Reuter, Wilhelm Kaisen, auch der junge Willy Brandt den Beitritt zum Europarat. Gerade Reuter, dem Regierenden Berliner Bürgermeister, war nur zu bewusst, wie wichtig der Westen für die Verteidigung der Freiheit Berlins war. Für die Partei insgesamt aber blieb der nationale Vorbehalt bei der Westpolitik über Jahre bedeutsam. Erst den Römischen Verträgen (1957) stimmte die SPD zu.

Die von der SPD zunächst bekämpfte deutsche Wiederaufrüstung war in der Bundesrepublik keineswegs populär, wie vielfältige Massenproteste und auch noch die Aktion «Kampf dem Atomtod» zeigten. Doch war es letztlich nur eine Minderheit, die sich für diese Politik mobilisieren ließ, denn noch gewichtiger als die Abneigung gegen die Remilitarisierung war für die Mehrheit die Furcht vor der sowjetischen Politik und ihren Verbündeten. Die Niederschlagung der Bewegung des 17. Juni 1953 in der DDR und des Ungarn-Aufstandes 1956 verstärkten den latent vorhandenen Antikommunismus, den Konrad Adenauer und die CDU/CSU in den Wahlkämpfen 1953, 1957 und 1961 gegen die SPD lenkten, etwa durch Wahlplakate wie «Alle Wege des Marxismus führen nach Moskau» oder auch durch Attacken Adenauers, die unterstellten, die SPD werde nicht die Kraft zu einer konsequent antikommunistischen Politik aufbringen, weshalb ein Sieg der SPD bei den Bundestagswahlen gleichbedeutend mit dem Untergang Deutschlands sei.

Dabei konnte am Antikommunismus der SPD kein Zweifel bestehen. Auf der Tagung der Sozialistischen Internationale in Frankfurt a. M. 1951, in der sich die Organisation der sozialdemokratischen Parteien neu formierte, bekräftigten die Sozialdemokraten den Zusammenhang von Demokratie und Sozialismus und machten klar, welche Kluft Sozialdemokraten und Kommunisten trennte.

Allerdings wollten die deutschen Sozialdemokraten alle Möglichkeiten für eine Wiedervereinigung ausloten und gegebenenfalls auch nutzen, weshalb sie sich 1952 dafür aussprachen, Stalins Angebot für freie Wahlen und Wiedervereinigung zu prüfen. Die SPD suchte nach Lösungsmöglichkeiten im Kontext eines europäischen Sicherheitssystems, das die Sicherheitsinteressen aller – auch die der Sowjetunion – berücksichtigte. Gegen Ende des Jahrzehnts – schon beeinflusst durch die durch die sowjetische Politik ausgelöste Berlin-Krise – versuchte die SPD-Führung durch einen Deutschlandplan, die Wiedervereinigungsfrage mit sicherheitspolitischen Maßnahmen, der Schaffung einer militärisch verdünnten Zone, mit einer stufenweisen Realisierung der deutschen Einheit zu verbinden, ein Papier, das auf vielfältigen Widerspruch stieß. Es sollte den deutschlandpolitischen Stillstand überwinden, der schließlich auch Adenauer bewusst wurde, der dann seinerseits Konzepte erarbeiten ließ, die er freilich vor der Öffentlichkeit geheim hielt.

Der Sozialdemokratie blies auch deshalb der Wind ins Gesicht, weil Ludwig Erhard mit seiner sozialen Marktwirtschaft keineswegs – wie von der Opposition prophezeit – scheiterte, vielmehr in den frühen 50er Jahren ein – durch den Koreaboom geförderter – wirtschaftlicher Aufstieg begonnen hatte, für den sich der Begriff «Wirtschaftswunder» einbürgerte. Dieser Aufstieg wurde der CDU/CSU, Adenauer und seinem Wirtschaftsminister gutgeschrieben. Die SPD konnte zwar auf die ungleichmäßige Verteilung des Wohlstandes hinweisen, hatte aber Mühe, ihr modernisiertes wirtschaftspolitisches Konzept, in dem sie ebenfalls auf den Markt setzte, diesen allerdings mit Planungselementen verbinden wollte, in der Öffentlichkeit plausibel zu machen. Dass die dynamische Rente 1957 ein gemeinsames Projekt von Regierung und Opposition war, das wesentlich zum «Abschied vom Proletariat» beitrug, war zwar kennzeichnend für das Zusammenwirken der Volksparteien in wichtigen Fragen, passte aber nicht recht zum Bild der intransigenten Opposition. Die relative Isolierung der SPD auf Bundesebene darf nicht vergessen machen, dass die SPD auf der Länderebene vielfältig (mit-)regierte.

Die Entwicklung des Parteiensystems auf Bundesebene verstärkte den Trend zu den großen Parteien, von dem zunächst vor allem die CDU/CSU profitierte, die zunehmend alle kleinen bürgerlichen Parteien bis auf die FDP aufsog. Für die SPD bot sich kein vergleichbares Reservoir. Gewiss votierte ein Teil derjenigen, die vorher KPD gewählt hatten, nun für die SPD. Ansonsten war es nur die GVP Gustav Heinemanns, die sich 1956 auflöste und ihren Mitgliedern empfahl, in die SPD einzutreten. Gustav Heinemann und Helene Wessel, führende Repräsentanten der auf die Wiedervereinigungsfrage fixierten GVP, zogen 1957 in den Bundestag ein. Auch andere bedeutende Köpfe kamen von dieser Partei, so Erhard Eppler, der schon vorher übergetreten war, dann auch Johannes Rau, der spätere NRW-Ministerpräsident und Bundespräsident. Durch den Beitritt der GVP-Leute gewann die SPD über ihren traditionellen Bereich hinaus Boden in Teilen der betont protestantischen Wählerschaft, insbesondere des Teils der evangelischen Kirche, der sich in der Tradition der Bekennenden Kirche des Dritten Reiches sah. Die SPD erreichte damit zusätzliche bürgerliche Anhänger, zumal sie dabei war, sich organisatorisch und programmatisch zu erneuern.

Parteireform und Godesberger Programm

Die Wahlniederlage der SPD 1957 – die CDU/CSU erhielt mit 50,2 % die absolute Mehrheit, die SPD kam auf 31,8 % – beschleunigte die Diskussion über Reformen der Partei und ihrer Programmatik.

Reformerische Kräfte artikulierten sich u. a. in der Bundestagsfraktion. Zu den Reformern gezählt wurden Carlo Schmid, Fritz Erler, auch Herbert Wehner, Heinz Kühn, Willy Brandt, Helmut Schmidt, Heinrich Deist und Waldemar von Knoeringen. Die auf dem Stuttgarter Parteitag 1958 beschlossene Organisationsreform stärkte die Position der Reformer. Indem die Einrichtung der hauptamtlichen Parteivorstandsmitglieder abgeschafft und die bisherigen als Traditionalisten geltenden Inhaber nicht wiedergewählt worden waren, verschoben sich die

Gewichte zu Gunsten der Bundestagsfraktion, deren Repräsentanten nun im Vorstand an Einfluss gewannen. Erich Ollenhauer blieb Vorsitzender, zu Stellvertretenden Vorsitzenden gewählt wurden nun Waldemar von Knoeringen und Herbert Wehner; Brandt wurde jetzt – im dritten Anlauf – Vorstandsmitglied.

Die Partei begann ihr ganzes Auftreten zu modernisieren. So beschloss sie, erstmals einen Kanzlerkandidaten bei der nächsten Bundestagswahl zu nominieren. Vor die Alternative Carlo Schmid – Willy Brandt gestellt, die beide als Reformer galten, votierten die Spitzengremien für den jungen populären Regierenden Berliner Bürgermeister, dessen Wahlkampf dann sogar am Vorbild des Wahlkampfes von John F. Kennedy ausgerichtet wurde, was Adenauer und die regierende CDU beunruhigte: Sie attackierten Brandt wegen seiner Emigration und Widerstandsarbeit – ein Hinweis auf die in breiten Schichten keineswegs «bewältigte» jüngste Vergangenheit.

Wichtig war, dass Ende der 50er Jahre die seit einigen Jahren laufende Diskussion um ein neues Grundsatzprogramm zu einem Abschluss gebracht wurde. Zwar hatten die Reformer sich mit einem neuen Aktionsprogramm begnügen wollen, doch bestand der Parteivorsitzende auf der Erarbeitung eines neuen Grundsatzprogramms. Für viele Zeitgenossen signalisierte das im November 1959 in Bad Godesberg beschlossene neue Programm einen wirklichen Wandel der Partei. Aus der Sicht des Historikers bündelte das Programm die Grundsatzdiskussion seit 1945, die zunehmend das gegenüber der Weimarer Republik veränderte gesellschaftliche Klima reflektierte.

Das Godesberger Programm unterschied sich vom Heidelberger Programm in verschiedenen Hinsichten. Auf eine Zeitanalyse verzichtend, basierte es auf Grundwerten, deren Begründung von verschiedenen weltanschaulichen Ansätzen her möglich war – vom Christentum, vom Humanismus oder vom Sozialismus her –, die marxistische theoretische Fundierung wurde damit aufgegeben. Die SPD erklärte sich nun expressis verbis zu dem, was sie schon lange war: Sie definierte sich endgültig als linke Volkspartei, die für alle offen war, die sich zu den sozialdemokratischen Werten und Zielen bekannten. Deutlich verändert waren die – von Heinrich Deist erarbeiteten – Grundsätze zur Wirtschaftspolitik. Die SPD wollte jetzt so viel Markt wie möglich, so viel Planung wie nötig, d. h., sie plädierte für ein marktwirtschaftliches System, wollte freilich nicht gänzlich auf Planung verzichten. Auch war den Sozialdemokraten nach wie vor die Kontrolle wirtschaftlicher Macht wichtig, d. h., Wirtschaftsdemokratie blieb ein Ziel – traditionelle und moderne Elemente waren also miteinander verwoben. Die Partei betrachtete Demokratie als Selbstzweck und markierte hier einen deutlichen Gegensatz zu den kommunistischen Auffassungen. Das Programm wollte den Sozialstaat weiter ausbauen, bekannte sich dabei aber zu einer pluralistischen Gesellschaft – man hat das Programm als Ausdruck der sozialdemokratischen Zustimmung zum westlichen «Konsenskapitalismus» gewertet. In diesen Zusammenhang passt, dass den Kirchen eine positive gesellschaftliche Rolle zugesprochen wurde, ein Punkt, zu dem auf dem Parteitag noch einmal Widerstand des kirchenfremden Traditionalismus erkennbar wurde.

Das Programm wurde bei nur 16 Gegenstimmen auf dem Parteitag in Bad Godesberg angenommen. Während Wolfgang Abendroth es von einem marxistischen Standpunkt aus einer scharfen Kritik unterzog, glaubte Peter von Oertzen auch als Marxist auf der Basis dieses Programms weiter in und für die SPD arbeiten zu können. Das Programm wurde auf die Dauer weit über die Bundesrepublik hinaus für die internationale Sozialdemokratie wegweisend: Godesberg galt bald als Synonym für eine dezidierte Abkehr von traditionalistischen Positionen und als Hinwendung zu einem modernen Konzept reformerischer Politik.

Im außenpolitischen Teil blieb das Programm eher blass: Allgemeine Prinzipien der Zusammenarbeit mit anderen Ländern wurden bekräftigt. Zwar wurde die Landesverteidigung bejaht, doch fand das westliche Bündnis keine Erwähnung. Viel wurde von der UNO erwartet. Die Wiedervereinigung blieb das zentrale Ziel. Die SPD-Führung musste – zumal vor dem Hintergrund der zugespitzten Situation – konkreter werden und rang sich nun zur definitiven Anerkennung der außenpolitischen Realitäten durch: Mit der Bundestagsrede Herbert Wehners am 30. Juni 1960 machte die SPD ihren Frieden mit den Westverträgen. Die Situation war nicht mehr offen; deshalb war die Anerkennung der Realitäten nur logisch.

Der mühsame Weg zur Macht

Trotz der Herausstellung des Kanzlerkandidaten Willy Brandt, der Nominierung einer Mannschaft von bekannten sozialdemokratischen Persönlichkeiten und der Verwendung moderner Werbemethoden gewann die SPD bei der vom Bau der Mauer überschatteten Bundestagswahl 1961 zwar kräftig hinzu (von 31,8 sprang sie auf 36,2), war aber nach wie vor beträchtlich davon entfernt, den Kanzler zu stellen (CDU/CSU 45,3 %). Sie kam nach der Wahl kurz als möglicher Koalitionspartner ins Spiel, weil die FDP Adenauer nicht weiter als Kanzler akzeptieren wollte, was dann zur Begrenzung von dessen Amtszeit bis 1963 führte. Adenauers Nachfolger Erhard siegte 1965 bei der Bundestagswahl mit 46,1 %, die SPD gewann erneut – wiederum mit Brandt als Kanzlerkandidaten – hinzu und kam auf 39,3 %. «Der Genosse Trend marschiert», hieß es in zeitgenössischen Kommentaren. Vor allem gelang zunehmend der Einbruch in katholische Arbeitnehmerschichten, vor allem im Ruhrgebiet. An die Macht kam die SPD schließlich 1966 als Koalitionspartner der CDU/CSU, nachdem Erhard an Haushaltsfragen und an der eigenen Partei gescheitert war, wobei zu seinem Autoritätsverfall der konjunkturelle Abschwung und Strukturprobleme der Wirtschaft, insbesondere die Bergbaukrise an der Ruhr, beigetragen hatten. Die Zeit der Großen Koalition mag man mit Klaus Schönhoven als «Wendejahre» bezeichnen, in der die Herrschaft der CDU/CSU auslief und eine sozialdemokratisch geführte Regierung sich ankündigte.

Der Bau der Mauer in Berlin 1961 verschärfte aus der Sicht der SPD die Situation in Deutschland, bewies das Scheitern der SED, signalisierte aber auch die Erfolglosigkeit der bisherigen westdeutschen Deutschlandpolitik. In dieser Konstellation begann Willy Brandt, unterstützt von Egon Bahr, schrittweise eine neue pragmatische Deutschlandpolitik zu entwickeln, für die Bahr die Formel «Wandel durch Annäherung» fand. Die Politik, die zum Teil Überlegungen Kennedys aufgriff, klammerte die großen Gegensätze aus, versuchte aber konkrete Probleme aufzugreifen, um einen Modus Vivendi zu erreichen und zu Gunsten der Menschen Verbesserungen der Lage («menschliche Erleichterungen») zu schaffen. Erste Schritte dieser sich allmählich herausbildenden Politik waren die Passierscheinabkommen, die Westberlinern Besuche in Ostberlin an bestimmten Feiertagen ermöglichten. Diese Politik erkannte die DDR-Regierung ein Stück weit als Partner an und verzichtete damit darauf, das SED-System frontal in Frage zu stellen. Die Regierung der Großen Koalition, in der Willy Brandt Außenminister und Herbert Wehner Minister für gesamtdeutsche Fragen waren, versuchte dann, die deutsche Politik mit der beginnenden Entspannungspolitik zwischen Ost und West in Beziehung zu setzen, und begann auch damit, die DDR – wenn auch nur halbherzig – in die neue Politik einzubeziehen.

Seit Anfang der 60er Jahre proklamierte die SPD große Gemeinschaftsaufgaben, die den Ausbau der Universitäten, die Modernisierung des Bildungssystems, Investitionen in die Verkehrswege und in die Infrastruktur umfassten. Auch forderte Willy Brandt schon 1961 – der Zeit vorauseilend und deshalb von manchen belächelt –, der Himmel über der Ruhr müsse wieder blau werden. Der SPD kam zugute, dass zunehmend in der Gesellschaft nach Reformen gerufen wurde. Die SPD befand sich mehr als die CDU im Einklang mit dem auf Veränderungen dringenden Zeitgeist. Sie begann in den Augen vieler Wähler, gegenüber der CDU als die modernere Partei zu erscheinen.

Die SPD versuchte in den 60er Jahren – unter Führung Herbert Wehners, der in diesen Jahren faktisch zum maßgeblichen Strategen der SPD avancierte –, gleichsam mit einer Umarmungsstrategie gegenüber der CDU/CSU an die Macht zu kommen. Herbert Wehner arbeitete seit Anfang des Jahrzehnts auf eine Große Koalition hin und unterhielt deshalb besondere Kontakte in das Unionslager hinein. Auch die Unterstützung der Wiederwahl des Bundespräsidenten Heinrich Lübke 1965 ist so zu erklären. Schließlich gelang es in der besonderen Konstellation des Jahres 1966, die Regierung der Großen Koalition zu installieren. Während Brandt, der nach dem Tode Erich Ollenhauers 1964 zum neuen Parteivorsitzenden gewählt worden war, dieser Koalition eher skeptisch gegenüberstand und zögerte, in ihr das Amt des Außenministers zu bekleiden, wurde sie von Herbert Wehner durchgesetzt. In der Partei stieß die Koalition mit dem Hauptgegner auf erhebliche Widerstände, und dem Vorstand gelang es nur mit Mühe, auf dem Parteitag in Nürnberg 1968 dafür nachträglich die Zustimmung der Partei zu erhalten.

Die Große Koalition griff tatsächlich eine Reihe von dringlichen Problemen auf und begann Reformen, die notwendige Anpassungen vollzogen, zu realisieren, etwa im Hinblick auf die Sozialpolitik, wo nach einiger Diskussion eine Gleichstellung von Arbeitern und Angestellten bei der Lohnfortzahlung im Krankheitsfall beschlossen wurde. Bezogen auf die Krise des Ruhrgebietes, wurde u. a. die Ruhrkohleeinheitsgesellschaft gegründet, um den Schrumpfungsprozess des Bergbaus zu steuern. Durch die Verabschiedung des die Handschrift des Wirtschaftsministers Karl Schiller (SPD) tragenden Stabilitäts- und Wachstumsgesetzes wurde ein neues wirtschaftspolitisches Instrumentarium geschaffen. Im Bereich des Strafrechtes wurde unter der Ägide der Sozialdemokraten Gustav Heinemann und Horst Ehmke das Strafgesetzbuch entrümpelt. Schließlich versuchte die Große Koalition auch durch die Notstandsgesetzgebung endlich die alliierten Vorbehaltsrechte abzulösen, was den Vorgängerregierungen nicht gelungen war. Die ebenfalls geplante Einführung des Mehrheitswahlrechtes scheiterte freilich an der SPD und an der öffentlichen Meinung.

Was ihre Politik angeht, so war die Große Koalition – entgegen verbreitetem zeitgenössischen Urteil – durchaus erfolgreich. Allerdings wirkte sie gleichzeitig als Katalysator eines gesellschaftlichen Unbehagens, das sich u. a. in Demonstrationen gegen die Notstandsgesetzgebung, die auch im sozialdemokratisch-gewerkschaftlichen Raum umstritten war, entlud, da manche glaubten, sie gefährde die Demokratie in der Bundesrepublik. Das gegenüber früheren Entwürfen deutlich modifizierte Notstandsrecht, in dem ein Teil der Kritik durchaus Berücksichtigung gefunden hatte, wurde schließlich verabschiedet.

Auseinanderzusetzen hatte sich die Große Koalition auch mit der Studentenbewegung, die anfangs Reformen forderte, sich jedoch nach dem Tod von Benno Ohnesorg 1967, der durch einen Polizisten bei der Anti-Schah-Demonstration erschossen worden war, und nach dem Attentat auf Rudi Dutschke 1968 radikalisierte. Kern der radikalisierten Studentenbewegung war der SDS, ursprünglich der Studentenverband der SPD, von dem sich die Partei 1961 getrennt hatte. Er attackierte die amerikanische Vietnampolitik ebenso wie das westdeutsche «Establishment» inklusive der SPD, rekurrierte dabei zunehmend auf ältere radikalsozialistische oder kommunistische Positionen und Politikverständnisse mit teilweise totalitärem Anspruch. Die SPD suchte zwar das Gespräch mit der unruhigen Jugend, was zunächst nur teilweise gelang. Vorstellungen der Studentenbewegung und der aus ihr resultierenden Neuen Linken beeinflussten jedoch zunehmend die Jungsozialisten der SPD, die sich seit 1969 als innerparteiliche Opposition mit marxistischer Orientierung verstanden. Von Teilen der Studentenbewegung unterschieden sie sich dadurch, dass sie den Einsatz von Gewalt konsequent ablehnten.

Das in sich widersprüchliche Reformstreben in der Gesellschaft und die damit verbundene Fundamentalpolitisierung gehörten zu den Herausforderungen, mit denen sich die Politik in den ausgehenden 60er Jahren konfrontiert sah.

IX. Das sozialdemokratische Jahrzehnt (1969–1982)

Die Große Koalition endete 1969 in einem Wahlkampf, in dem die beiden Regierungsparteien um die Führung im Lande rangen. Die SPD stellte sich als die moderne Reformpartei dar. «Wir schaffen das moderne Deutschland» war einer der Slogans, ein anderer: «Wir haben die richtigen Männer», zu denen Willy Brandt, der bisherige Vizekanzler und Außenminister, der populäre Wirtschaftsminister Karl Schiller, Herbert Wehner, Helmut Schmidt, Georg Leber u. a. – auch Käte Strobel – gerechnet wurden, zweifellos durchweg profilierte Leute. Die Wahlkampfmethoden waren in manchen Hinsichten innovativ, insbesondere das Engagement von bekannten Persönlichkeiten des Showbusiness und des kulturellen Lebens, die Bildung einer großen Sozialdemokratischen Bürgerinitiative durch Günter Grass u. a. Die CDU setzte dagegen auf Kurt Georg Kiesinger, den durchaus angesehenen Kanzler: «Auf den Kanzler kommt es an». Wahlkampfthemen waren die Ostpolitik, die inneren Reformen und die Frage der Aufwertung der DM, in der es aus der Sicht der Wähler darum ging, ob Wirtschaftsminister Karl Schiller (SPD), der auch bei bürgerlichen Wählern Anklang fand, oder Finanzminister Strauß (CSU) die größere fachliche Kompetenz besaß. Das Wahlergebnis war denkbar knapp, die CDU/CSU kam auf 46,1 %, die SPD auf 42,7 % und die FDP auf 5,8 %. Da die NPD mit 4,3 % knapp unter der 5-%-Sperrklausel blieb, wurde eine Regierung aus SPD und FDP möglich. Willy Brandt und Walter Scheel hatten den Mut, trotz einer nur knappen Mehrheit ein sozial-liberales Bündnis zu schließen, womit sich Brandt in der SPD-Führung gegen Wehner und Schmidt durchsetzte, die die Fortsetzung der Großen Koalition präferiert hatten.

Abgezeichnet hatte sich dieses Bündnis seit der Bundespräsidentenwahl im März 1969, bei der SPD und FDP gemeinsam Justizminister Gustav Heinemann (SPD) wählten und dies von Heinemann – wie er in einem umstrittenen Interview sagte – als «ein Stück Machtwechsel» bezeichnet worden war.

Mit Heinemann wurde erstmals seit Friedrich Ebert ein Sozialdemokrat Staatsoberhaupt, ein Mann, der in kein Klischee passte, doch als dezidierter Kritiker der Adenauerschen Politik und als entschiedener Reformer in der Rechtspolitik hervorgetreten war. Er setzte als Bürgerpräsident neue Akzente, verkörperte ein nüchternes Staatsverständnis, engagierte sich für Minderheiten, förderte die Friedensforschung, plädierte nicht zuletzt für ein neues Geschichtsbewusstsein, das einerseits die deutsche Geschichte in demokratiegeschichtlicher Perspektive sah, andererseits die Ergebnisse des Zweiten Weltkrieges anerkannte und daraus politische Schlussfolgerungen zog.

Die Wahl Willy Brandts zum Kanzler einer sozial-liberalen Koalition bedeutete noch mehr als die Wahl Heinemanns einen Einschnitt. Erstmals wurde in der Bundesrepublik durch eine Wahl ein Machtwechsel vollzogen, und zum ersten Mal stellten die Sozialdemokraten den Bundeskanzler, der anders als seine Vorgänger in besonderer Weise die Gegnerschaft zum Dritten Reich verkörperte. Mit dieser Kanzlerschaft – so meinte Brandt selbst – werde Hitler endgültig überwunden. Und mit ihr verbunden war ein Aufbruch aufgeklärten, reformerischen Denkens und Handelns in Deutschland.

Die Koalition aus Sozialdemokratie und politisch neu orientiertem Liberalismus betrachteten manche als ein «historisches Bündnis» – in der Tat hatte es an dieser Verbindung im Kaiserreich gemangelt, und auch in Weimar hatte sie nur kurz eine Rolle gespielt. Man verständigte sich auf ein Programm, das eine neue Ostpolitik und eine Politik der inneren Reformen zum Gegenstand hatte. Da die FDP allerdings bald wieder stärker zu ihrer traditionellen Klientelpolitik zurückkehrte, wurde die Koalition zu einem Zweckbündnis auf Zeit.

Immerhin regierte diese Koalition das Land fast 13 Jahre lang – nicht viel kürzer als der Zeitraum, den die ganze Weimarer Republik umfasste. Die eigentliche Klammer war dabei die

Ostpolitik, die von der oppositionellen CDU zunächst heftig attackiert wurde. Zweifellos hat diese Politik die deutsche Rolle in der internationalen Politik ebenso verändert wie das deutsche Selbstverständnis. Doch auch innenpolitisch wies die Politik in diesem Jahrzehnt spezifische Züge auf: Sie begann als Politik vielfältiger Reformen geradezu euphorisch, wurde dann aber wesentlich gebremst durch die Wirtschaftskrise 1973/74, die ökonomische Fragen in den Vordergrund der Politik rückte. Bemerkenswerterweise wurden gleichzeitig ökologische Probleme – insbesondere auch die Endlichkeit natürlicher Ressourcen – bewusst. So kann man die 70er Jahre in zwei Teile aufteilen, die im Wesentlichen mit den Kanzlerschaften Willy Brandts und Helmut Schmidts zusammenfallen, die beide auf ihre Weise sowohl einen Zeitabschnitt als auch eine Variante sozialdemokratischer Politik verkörperten.

Auch die Partei veränderte sich in diesem Jahrzehnt durch das Einströmen vieler junger Mitglieder – teilweise mit akademischem Hintergrund – erheblich. Mitte der 70er Jahre waren ca. 2/3 der Mitglieder in den vorhergehenden zehn Jahren in die Partei eingetreten, was auch die politische Kultur der Partei veränderte – aus der Sicht älterer Mitglieder nicht nur in positivem Sinne. Die Intensität der Willensbildung nahm deutlich zu, zumal die Struktur – u. a. durch die Gründung von Arbeitsgemeinschaften – immer komplizierter wurde und einer verstärkten Flügelbildung Vorschub leistete, die der SPD auf die Dauer zu schaffen machte.

Der Aufbruch in der Ära Brandt

Die Regierungserklärung Willy Brandts vom 28. Oktober 1969 war wohl die «hochfliegendste» programmatische Erklärung, die bis heute von einem Regierungschef im Deutschen Bundestag abgegeben wurde. Sie las sich – so ist überpointiert formuliert worden – «wie das Gründungsdokument» eines neuen Staates. «Wir wollen mehr Demokratie wagen», so lautete die zentrale Botschaft, die ein weitgehendes Reformprogramm bündelte. Zugleich kündigte die Regierungserklärung eine neue

Deutschland- und Ostpolitik an. An die neue Koalition, die sich im Gegensatz zum Konservativismus der CDU («keine Experimente») und zum neuen Radikalismus von links sah, knüpften sich vielfältige Erwartungen; sie wurde geradezu zur Projektionsfläche vielfältiger Reformvorstellungen, die von technokratischer Modernisierung bis zu weitgehender gesellschaftlicher Umgestaltung reichten.

Die Neue Ostpolitik, die ein gewandeltes Verhältnis zur DDR («zwei Staaten, eine Nation») und zu den osteuropäischen kommunistischen Staaten anstrebte, korrigierte die Halbheiten der Politik der Großen Koalition, in der die CDU/CSU an wesentlichen Positionen der Adenauer-Ära festhielt. Die neue Politik war Ausdruck eines neuen Realismus, zu dem nicht zuletzt die Bereitschaft gehörte, Ergebnisse des Zweiten Weltkrieges anzuerkennen. Der Status quo sollte anerkannt werden, um ihn schrittweise durch einen Modus Vivendi und den Ausbau der Beziehungen zu modifizieren. Durch Anerkennung der Grenzen sollten diese durchlässig gemacht werden.

Die mit großem Elan gleich auf verschiedenen Ebenen gleichzeitig vorangetriebene Ostpolitik umfasste ein neues Verhältnis zur DDR, die Sicherung Berlins und neue Beziehungen zur Sowjetunion und zu Polen. Angesichts der Machtverhältnisse musste die neue Bundesregierung zwar zunächst den Moskauer Vertrag gleichsam als Rahmen- oder Schlüsselvertrag abschließen, doch führte die Politik auch zum Warschauer Vertrag, zu dem – unter wesentlicher indirekter Beteiligung der Bundesregierung zu Stande gekommenen – Berlin-Abkommen der vier Mächte und zum Grundlagenvertrag mit der DDR, der dann in der Folgezeit – in vielfach mühsamen Verhandlungsprozessen – durch eine ganze Reihe von Abkommen ausgefüllt wurde, die die Verhältnisse in Deutschland – trotz mancher Rückschläge – schrittweise normalisierten, menschliche Erleichterungen brachten, doch bald auch die DDR von der Bundesrepublik abhängig machten.

Die Neue Ostpolitik, deren Verankerung im Westen nie zweifelhaft war (allerdings musste die Bonner Politik anfangs einige Aufklärungsarbeit leisten), hatte erhebliche internationale Bedeutung. Der KSZE-Prozess wäre ohne die Neue Ostpolitik nicht zu Stande gekommen; er war gleichsam deren Multilateralisierung. Der Prozess institutionalisierte nicht nur die Entspannungspolitik, sondern schuf auch durch die gemeinsame Anerkennung der Menschen- und Bürgerrechte im Korb III der Schlussakte von Helsinki eine Referenzbasis für oppositionelles Handeln in den osteuropäischen Ländern, das auf die Dauer die kommunistischen Systeme in Frage stellte.

International fand die Neue Ostpolitik sehr bald von vielen Seiten Anerkennung. Schon 1971 erhielt Willy Brandt dafür den Friedensnobelpreis. In der deutschen Öffentlichkeit aber war die Politik heftig umstritten. Die CDU/CSU und auch ein Teil der Medien bekämpften sie entschieden. Die Kritik reichte von prinzipieller Ablehnung von Vereinbarungen mit kommunistischen Regimen über den Vorwurf der Unterwerfung unter den Willen Moskaus und den Verrat nationaler Interessen bis zu scharfer Kritik an der Vorgehensweise und angeblichen handwerklichen Mängeln. Unterstützung fand sie bei den Gewerkschaften, teilweise auch im kirchlichen Raum, vor allem bei einem Teil der Intellektuellen und Kulturschaffenden. Gleichwohl bröckelte die parlamentarische Mehrheit der sozial-liberalen Koalition gerade wegen der Ostpolitik, da einige nationalliberale und sozialdemokratische Abgeordnete zur Opposition überwechselten. Schließlich entstand ein Patt, das nur durch vorgezogene Neuwahlen aufgelöst werden konnte.

Euphorische Hoffnungen verbanden sich auch mit der Politik der inneren Reformen, die auf die Umgestaltung zahlreicher Politikfelder zielten und dabei teils Ausfluss sozialdemokratischer Ziele waren, teils Impulse der Reformbestrebungen in der Gesellschaft aufgriffen. Die Reformen resultierten aus einem beträchtlichen Zutrauen zur Politik, waren jedoch nicht von einem großen Reformplan, sondern durch viele Einzelvorhaben geprägt, die vorrangig auf mehr Teilhabe der breiten Bevölkerung zielten – durch mehr Mitbestimmung, durch den Ausbau des Bildungssystems, durch Partizipation auch sozial Schwächerer an der Wohlstandsentwicklung usw. Daneben aber war eine Komponente zur technokratischen Modernisierung und effekti-

veren Planung unübersehbar. Nie sind in der Geschichte der
Bundesrepublik in so vielen Bereichen gleichzeitig Reformen begonnen worden wie seit Herbst 1969, so dass man von einer
«zweiten formativen Phase der Bundesrepublik» oder auch von
ihrer «Umgründung» gesprochen hat.

«Mehr Demokratie wagen» hieß im staatlichen Bereich nicht
nur eine Senkung des Wahlalters, sondern auch mehr Transpa-
renz und mehr gesellschaftliche Beteiligung an politischen Pro-
zessen. Im Bereich der Wirtschaft wurde durch ein neues Be-
triebsverfassungsrecht die Mitsprachemöglichkeit der Arbeitnehmer und des Betriebsrates gestärkt, während der Ausbau der
Unternehmensmitbestimmung zwar ins Auge gefasst wurde,
doch angesichts des Widerstandes der FDP nach vergeblichen
Anläufen erst 1976 unter Helmut Schmidt zu Stande kam. Als
schwierig erwies sich der Versuch, die Eigentumsbildung in Ar-
beitnehmerhand voranzubringen. Gleichwohl waren die frühen
70er Jahre noch einmal eine Phase intensiven Ausbaus des Sozialstaates – Hans-Günter Hockerts hat diese Jahre als «Phase der
größten Beschleunigung sozialstaatlicher Expansion» bezeichnet. So wurde der Kreis der Anspruchsberechtigten in der Ren-
tenversicherung erheblich ausgeweitet, die flexible Altersgrenze
u. a. eingeführt, Reformen, die die Verteilung zu Gunsten sozial
Schwächerer korrigierten. Von herausragender Bedeutung für
die sozial-liberale Koalition war die Reform des Bildungssystems, obgleich die Kompetenzen des Bundes in diesem Bereich,
sieht man von der Erarbeitung eines Bildungsgesamtplans und
der Hochschulrahmengesetzgebung ab, gering waren. Die Bil-
dungsreformen zielten auf einen Ausbau des Bildungssystems,
auch bildungsfernere Schichten sollten erreicht werden. Heftig
umstritten waren Beteiligungsrechte und gesellschaftspolitische
Lehrinhalte, die zur Formierung des konservativen Widerstandes beitrugen.

Die Weiterführung der Strafrechtsreform lässt erkennen, dass
das Strafrecht den mündigen, selbstverantwortlichen Bürger in
den Vordergrund stellte. Als schwierig erwies sich die Reform
des Paragraphen 218, der Schwangerschaftsabbrüche unter
Strafe stellte. Hier kollidierten der Schutz des ungeborenen Le-

bens und die Rechte der Frau, die von der Neuen Frauenbewegung unter dem Gesichtspunkt der Selbstverwirklichung der Frau diskutiert wurden. Nach jahrelangen Auseinandersetzungen trat schließlich eine weit gefasste Indikationslösung in Kraft.

Weitere Reformbereiche waren der Städtebau und auch das Bodenrecht, in denen die Koalition – auch wegen der bremsenden Funktion der FDP – nur teilweise vorankam. Bemerkenswert ist der sich in diesen Jahren vollziehende Paradigmenwechsel in Raumordnung und Städtebau, an dem auch die SPD, die lange einem strikten Modernisierungskurs gefolgt war, Anteil hatte. Gewachsene Strukturen und der Begriff der «Lebensqualität» spielten nun eine größere Rolle.

Im Einzelnen waren die Kontexte spezifischer Art. Bei der Bundeswehr ging es z. B. darum, sie endgültig in die demokratische Gesellschaft zu integrieren und sie von den Traditionen der NS-Zeit zu trennen, u. a. durch Ausbau ziviler Hochschulen für die Offiziersausbildung.

Während manchen Sozialdemokraten, insbesondere des linken Flügels, die Reformen nicht weit genug gingen und die zu einer eigenständigen Kraft sich entwickelnden Jusos systemüberwindende Reformen propagierten, machte sich in der Öffentlichkeit bald eine Reformmüdigkeit bemerkbar, auch wachsende Widerstände von denen, die für sich Nachteile sahen. Es wurde klar, dass die Reformpolitik viel mühsamer war als erwartet. Probleme machte auch ihre Finanzierung; mit Alex Möller und Karl Schiller traten 1971 und 1972, d. h. in einer Legislaturperiode, gleich zwei Finanzminister der SPD zurück.

Im Wahlkampf bei den vorgezogenen Bundestagswahlen 1972 wurde die Diskussion über die Reformpolitik überdeckt durch die Auseinandersetzung um die Neue Ostpolitik, die die Gesellschaft tief aufwühlte, doch auch durch den personellen Gegensatz zu dem an Charisma gewinnenden Brandt und seinem Gegenspieler Rainer Barzel. Von erheblicher Bedeutung war, dass es der Sozialdemokratie im Wahlkampf gelang, beträchtliche Teile der Gesellschaft – u. a. durch Wähler- und Bürgerinitiativen – für Brandt und die Ostpolitik zu mobilisieren.

Bei den als «Willy-Wahlen» in die Erinnerung eingegangenen Wahlen vom 19. November 1972 konnte die SPD den – bislang größten – Erfolg in ihrer Geschichte erzielen. Sie wurde mit 45,8 % der Stimmen stärkste Partei im Bundestag, die CDU/CSU erreichte 44,9 %, die FDP 8,4 %. Bemerkenswerterweise konnten die beiden großen Parteien 91 % der Stimmen auf sich vereinigen, womit sich das Zweieinhalb-Parteien-System endgültig zu etablieren schien.

1973/74 als Wende und Zäsur

Der grandiose Wahlsieg im November 1972 erleichterte keineswegs die Regierungsarbeit der sozial-liberalen Koalition. Brandt war durch die extremen Belastungen in Regierungsarbeit und Wahlkampf angeschlagen, die Regierungsbildung ging an ihm teilweise vorbei. Vor allem verstärkten sich die innerparteilichen Flügelkämpfe, die jetzt zu einem Dauerphänomen wurden. In ihnen spiegelten sich richtungspolitische Unterschiede, doch auch politisch-kulturelle Gegensätze und die Spannung zwischen Realisierbarem und Wünschbarem. Die aus überzogenen Erwartungen resultierenden Frustrationen über die Regierungsarbeit bei den Anhängern der Koalition, insbesondere bei den Sozialdemokraten, wurden im Jahr 1973, das zunehmend durch Verteilungskämpfe geprägt war, auf Brandt projiziert, wofür die spektakuläre Kritik von Günter Grass an Brandt ein Beispiel war. Besonders gravierend aber war, dass Brandts Stellvertreter Herbert Wehner während eines Besuches in Moskau den Kanzler heftig angriff. Er kritisierte nicht nur die Handhabung des Berlin-Abkommens (womit er faktisch der Kritik der DDR und der sowjetischen Führung recht gab), sondern griff Brandt auch persönlich in herabsetzender Weise an. Dieser Angriff, samt der Reaktion Brandts, der zwar seine USA-Reise abbrach, doch sich dann mit einer Entschuldigung Wehners begnügte, trugen nicht unerheblich zur Destruktion der Autorität Brandts bei. Seine Niederlage in der Tarifauseinandersetzung mit der ÖTV, die durch Streik eine Lohnerhöhung von mehr als 10 % erreichte, vor der der Kanzler gewarnt hatte, wirkte in die gleiche Richtung. Die Wahlniederlage bei der Landtagswahl in Hamburg im Frühjahr 1974 wurde ihm vielfach angelastet. Brandt war also geschwächt, als die Guillaume-Affäre über ihn und die Koalition hereinbrach.

Dass in Brandts Umgebung ein DDR-Spion gearbeitet hat – in der Umgebung des Bundeskanzlers, der mit einigem Mut das Verhältnis zur DDR normalisierte – und dieser eventuell Brandt erpressen könnte mit seinem Wissen über Details seines Privatlebens, veranlasste offenbar Wehner, Brandt zum Rücktritt zu bewegen. Doch aufs Ganze gesehen, war die Guillaume-Affäre mehr der Anlass als die Ursache des Rücktritts Brandts.

Der Wechsel im Kanzleramt entsprach dem Themenwechsel in der Politik. Insbesondere hatte der Jom-Kippur-Krieg zunächst zu einer Ölverknappung (und zu spektakulären Sparmaßnahmen) und dann zu einer starken Erhöhung des Ölpreises geführt, der – zusammen mit anderen Faktoren – eine Rezession bei gleichzeitig andauernder Inflation zur Folge hatte. Schmidt schien als führungsstarker Wirtschafts- und Finanzfachmann (bei Kompetenzen auch in anderen Bereichen) für die Bewältigung der neuen Herausforderungen besonders geeignet.

Die Krise 1973/74 war dabei mehr als eine normale Konjunkturabschwächung. In ihr ging der Nachkriegszyklus mit hohen Wachstumszahlen zu Ende. In der Folgezeit gab es immer nur kleine Auf- und Abschwünge mit ungleich geringeren Wachstumsraten. Da man bislang den sozialpolitischen Fortschritt mit Hilfe der Zuwachsraten finanziert hatte, entfielen damit die bisherigen Voraussetzungen sozialdemokratischer Politik, was in der Partei und in den Gewerkschaften erst schrittweise begriffen wurde.

Verkompliziert wurde die Lage für die SPD dadurch, dass gerade in diesen Jahren, vor allem durch den Bericht des Club of Rome über die Grenzen des Wachstums, eine Diskussion begann, die nach den ökologischen Folgen des Industrialismus fragte. Für einige Jahre standen nun Anforderungen der Wirtschaftspolitik und Forderungen nach einer ökologischen Politik kontradiktorisch einander gegenüber, was die sozialdemokratische Politik in eine dilemmatische Situation brachte, zumal die

Gewerkschaften klar für den Primat des ökonomischen Wachstums plädierten. Die Sozialdemokratie stand vor der Aufgabe, ökonomische und ökologische Gesichtspunkte zusammenzubringen. Schließlich schlug in diesen Jahren das gesellschaftspolitische Klima um. Es war nun viel von einer «Tendenzwende» die Rede, hinter der sich eine Abschwächung der Reformbereitschaft ebenso verbarg wie die Tendenz zu einem neuen Konservativismus. Bemerkenswert war in diesem Kontext, dass auch manche Reformer für eine Tendenzwende plädierten.

Jedenfalls sah sich die Sozialdemokratie nunmehr sowohl im Gegensatz zu einem erstarkenden Konservativismus als auch zu schwer einzuordnenden Alternativbewegungen. Für die Sozialdemokratie entstand eine Konstellation «Neuer Unübersichtlichkeit» (so Jürgen Habermas einige Jahre später).

Sozialdemokratische Politik angesichts neuer Herausforderungen

Helmut Schmidt stellte seine erste Regierungserklärung unter das Motto «Kontinuität und Konzentration». Tatsächlich führte Schmidt, insbesondere im Bereich der Außen- und Deutschlandpolitik, die Politik Brandts weiter. Doch versuchte er den aus seiner Sicht überzogenen Politikanspruch seines Vorgängers ein Stück zurückzunehmen und sich stärker auf die «Brot-und-Butter»-Themen zu konzentrieren.

Schmidts Engagement galt vorrangig der Bewältigung der Krise, doch wollte er gleichwohl eine realistische Reformpolitik fortsetzen. Im «Modell Deutschland», das die SPD als Leitbild im Wahlkampf 1976 propagierte, wurden die Vorzüge der deutschen sozialen Demokratie mit ihren Beteiligungsrechten und Leistungen besonders hervorgehoben. Die CDU/CSU setzte dagegen ihre polemische Parole «Freiheit statt Sozialismus», durch die sie – die Vieldeutigkeit des Sozialismusbegriffs nutzend – die Politik der SPD und der Koalition in die Nähe der Politik des kommunistischen Ostens zu rücken versuchte, was angesichts der Politik und des Profils Helmut Schmidts ziemlich absurd war; allenfalls ließ sich auf gewisse Tendenzen bei den Jusos und Teilen des linken Flügels verweisen. SPD und FDP gewannen die Bundestagswahl 1976 (42,6 % bzw. 7,9 %) knapp gegenüber der CDU/CSU (48,6 %), die mit Helmut Kohl als Kanzlerkandidaten angetreten war.

Helmut Schmidt sah die Gefahren für die deutsche Wirtschaft zu einem erheblichen Teil von außen kommen: durch die Stagnation in der Weltwirtschaft bei gleichzeitiger Inflation, im Ungleichgewicht der amerikanischen Außenhandelspolitik, in der Währungsspekulation u. a. Er erkannte früher als andere, dass diese Probleme nicht nationalprotektionistisch, sondern nur gemeinsam von den größten Volkswirtschaften der Welt zu bewältigen waren. Zusammen mit dem französischen Staatspräsidenten Giscard d'Estaing, mit dem er schon als Finanzminister gut zusammengearbeitet hatte, «erfand» er die Weltwirtschaftsgipfel der sieben wichtigsten Industrienationen, auf denen sich seit 1975 deren verantwortliche Staatsmänner über wichtige politisch-strategische Fragen austauschten, vor allem aber die Wirtschafts- und Finanzpolitik abzustimmen suchten. Schmidt spielte während seiner Kanzlerschaft eine herausragende Rolle auf den Gipfeln, galt als Weltökonom und avancierte zu einem der einflussreichsten Politiker der westlichen Welt. Tatsächlich gelang es ihm, protektionistische Tendenzen zu unterbinden, die Inflation zu begrenzen und ein abgestimmtes Verhalten zu vereinbaren – eine Politik konzertierten Handelns, in der man bis zu einem gewissen Grade eine Weiterentwicklung des Keynesianismus sehen mag.

Allerdings erkannte Schmidt, dass der Keynesianismus im engeren Sinne rasch an seine Grenzen stieß, zumal es nicht nur um konjunkturelle, sondern auch um strukturelle Fragen der Wirtschaft ging: u. a. um die Abwanderung von alten Industrien in aufstrebende Billiglohnländer. Deshalb mussten klassische Konjunkturprogramme ins Leere greifen, abgesehen davon, dass sie rasch die Verschuldung anheizten. Schmidt versuchte dementsprechend für die Bundesrepublik, Wachstum in bestimmten Bereichen anzuregen und mit einer Politik der Haushaltskonsolidierung zu verbinden, was zu Differenzen mit den Gewerkschaften führte, zumal die Maßnahmen auch vor dem Sozialbereich nicht Halt machten.

Kompliziert gestaltete sich das Verhältnis von Schmidt und seiner sozial-liberalen Regierung zur SPD, in der insbesondere der linke Flügel die Politik der Bundesregierung heftig kritisierte, überhaupt eine gewisse Tendenz hatte, sozialdemokratische Oppositionspolitik auch unter dem sozialdemokratischen Kanzler weiterzuführen. Willy Brandt, der Parteivorsitzender blieb, versuchte zwischen Schmidt und der Partei zu vermitteln, hielt an dem Eigenrecht der Partei fest, verteidigte die Partei gegen den von Schmidt erhobenen Vorwurf des «Flagellantentums», betonte aber auch die Notwendigkeit, die Regierung zu unterstützen und die politischen Möglichkeiten realistisch einzuschätzen. Zugleich spielte Brandt eine eigene Rolle in der internationalen Politik als Präsident der Sozialistischen Internationale und als Vorsitzender der Nord-Süd-Kommission, d. h. als weltweit geschätzter Politiker. Zugleich aber erlebte er als Parteivorsitzender in der zweiten Hälfte der 70er Jahre eine Renaissance, die dazu führte, dass sich viele Sozialdemokraten mehr an Brandt als an Schmidt orientierten. Schmidt wurde respektiert, Brandt geliebt. Im Laufe der Jahre wuchsen die Felder, in denen die politischen Positionen unterschiedlich waren. Insbesondere differierte die Einschätzung des Zustandes der Partei.

Die Volkspartei SPD und die sozial-liberale Koalitionsregierung sahen sich in der zweiten Hälfte der 70er Jahre mit neuen Herausforderungen konfrontiert. Neben der Haushaltskonsolidierung und der Arbeitslosigkeit sind Probleme der Energiepolitik, die Ökologiepolitik und der Terrorismus zu nennen, auch neue sicherheitspolitische Gegensätze zwischen Ost und West oder auch die Entstehung der Gewerkschaft Solidarność in Polen und ihre Auswirkung auf das Ost-West-Verhältnis. Von erheblicher Bedeutung war, dass gleichzeitig ein neuer Politisierungsschub Teile der deutschen Gesellschaft in Gestalt der Alternativbewegungen mobilisierte – gegen Verkehrsinfrastrukturprojekte, gegen den Ausbau der Atomkraft, gegen den NATO-Doppelbeschluss. Für die SPD, die Willensbildung zwischen Gesellschaft und Staatshandeln – wie keine andere Partei – zu verschränken suchte, erhielten diese Fragen enormes Gewicht. Hatte die SPD in den frühen 70er Jahren die gesellschaftliche Politisierung aufgegriffen und mit der Zielsetzung der Partei verbunden, so wurde die SPD nun teilweise Schauplatz der großen Streitfragen und hatte Mühe, diese in einer konsensbildenden Weise zu entscheiden.

Weltweit wurde in diesen Jahren die Kernenergie ausgebaut. Auch die Bundesregierung forcierte angesichts der Probleme auf den Ölmarkt den Ausbau, war aber zunehmend um einen Mix der verschiedenen Energieträger bemüht. Insbesondere die NRW-SPD engagierte sich dafür, die Kohle weiter zu nutzen, mit einigem Erfolg. Trotz des sich seit 1974 in Deutschland – anders als in den meisten europäischen Ländern – formierenden Widerstandes gegen den Ausbau der Kernenergie hielt die Bundesregierung an der Option Kernenergie fest, zumal auch die Gewerkschaften wie die Industrie die Regierung dazu drängten, obgleich Teile der Partei gegen die Kernenergie zu opponieren begannen. Horst Ehmke entwickelte daraufhin eine Position, die die Option des weiteren Ausbaus ebenso erhalten wie die Möglichkeit des Ausstiegs eröffnen sollte. Selbstironisch formulierte man: «Mit Helmut Schmidt und Erhard Eppler für und gegen die Kernenergie.»

Auch die sich rasch vernetzende Ökologiebewegung wirkte sich auf die SPD aus. Einerseits wurden ökologische Fragen aufgegriffen, andererseits wandte sich der Arbeitnehmerflügel gegen einen Umweltschutz, der industrie- und arbeitsplatzgefährdend war. Ökologie und industrielle Arbeitsplätze wurden zunächst noch als Gegensätze begriffen.

Das Verhältnis zur Ökologiebewegung wurde Ende der 70er und in den frühen 80er Jahren auch im Hinblick auf das parteipolitische Profil der SPD zum Problem. Während Willy Brandt die SPD zu den jungen Leuten der Alternativbewegung öffnen wollte, betonte Richard Löwenthal den Zusammenhang von SPD und Industrialismus. Und seiner Gegenposition trat ein Teil der gemäßigten Sozialdemokratie mit Annemarie Renger an der Spitze zunächst bei. Ob indes die SPD nach Teilen der 68er Bewegung eine weitere Basisbewegung integrieren sollte, auch ob diese sich integrieren ließ, war in der Sozialdemokratie eine offene Frage. Immerhin versuchte die SPD mit ihrer Grundwertekommission unter Vorsitz von Erhard Eppler, Gemeinsamkeiten und Unterschiede zur Alternativbewegung festzustellen und wichtige ihrer Anliegen programmatisch aufzugreifen.

In den 70er Jahren wurde der Terrorismus der Rote-Armee-Fraktion, in dem sich Vorstellungen von lateinamerikanischen Guerillas mit deutschem Radikalismus aufluden, zum Problem der deutschen Gesellschaft, dem sich auch die Regierungen stellen mussten. Zwar war schon 1972 die erste Generation der RAF gefasst worden, doch versuchte dann eine zweite Generation vorrangig, diese freizupressen. Die Regierung der sozialliberalen Koalition ging unter Führung Helmut Schmidts in jenen Jahren umsichtig vor, in dem sie – anders als von Teilen der Opposition und der deutschen Öffentlichkeit empfohlen – sorgfältig den rechtsstaatlichen Rahmen bei der Bekämpfung des Terrorismus beachtete, was selbst für das Kontaktsperregesetz galt, das in der SPD nicht unumstritten war. Im Herbst 1977 gelang es ihr, durch ihre feste Haltung und ihr entschlossenes Handeln, die Geiseln der Lufthansa-Maschine in Mogadischu zu befreien und die RAF entscheidend zu schwächen, woran neben Helmut Schmidt Hans-Jochen Vogel und Hans-Jürgen Wischnewski besonderen Anteil hatten.

In der Deutschland- und Außenpolitik versuchte die Regierung Schmidt mit langem Atem, den Grundlagenvertrag in konkreten Abkommen umzusetzen, ein mühsamer Prozess, da die SED-Führung um die Abgrenzung gegenüber der Bundesrepublik bemüht blieb und ideologisch den Einfluss des «Sozialdemokratismus» in der DDR fürchtete – die Gefahr einer Erosion der SED-Herrschaft wurde auch von der sowjetischen Führung verstärkt gesehen, die Ost-Berlin nachdrücklich warnte. Sowohl die Beziehungen zur Sowjetunion als auch zu Polen wurden in der Zeit der Kanzlerschaft Schmidts ausgebaut, mit Polen ein Paket zur Klärung verschiedener Fragen, auch die der Ausreise Deutschstämmiger, geschnürt und mit der Sowjetunion ein Abkommen über längerfristige wirtschaftliche Zusammenarbeit geschlossen.

Zu einem Problem im Verhältnis zu den kommunistischen Ländern wurden die Dissidenten und dann auch die Solidarność-Bewegung. Die SPD setzte sich für die Charta 77 ein, sah in den Dissidenten ein Stück weit eine Folge der durch die eigene Politik veränderten Verhältnisse. Andererseits begann sie, angesichts möglicher Reaktionen der Regime um die Entspannungspolitik zu fürchten, von der aus der Sicht Schmidts, Brandts und der Sozialdemokratie niemand so profitierte wie die Deutschen. Ein Einmarsch der Warschauer-Pakt-Staaten in Polen zur Niederwerfung der Solidarność musste deshalb vermieden werden. Im Dezember 1981 wurde Schmidt von der Ausrufung des Kriegsrechtes in Polen bei einem Besuch in der DDR überrascht, was ihn in eine schwierige Lage brachte.

Allerdings hatte sich die SPD mit den kommunistischen Systemen nicht abgefunden, sondern hoffte auf deren Reform. Dazu sollten auch Dialoge mit den eurokommunistischen Parteien, insbesondere der italienischen KP, doch auch Gespräche mit den Repräsentanten der kommunistischen Parteien im Osten dienen. Langfristig erfüllte sich die Hoffnung auf den Reformkommunismus durch die Politik Gorbatschows.

Die deutsche Sozialdemokratie hat sich gleichzeitig für die westeuropäische Einigung und die Durchsetzung der Demokratie auf der Iberischen Halbinsel engagiert. In der Europäischen Gemeinschaft gab es während der 70er Jahre immer wieder Probleme, nicht zuletzt bei Haushaltsfragen, doch gelang es im engen Einvernehmen mit Frankreich, in der Frage fester Wechselkurse und mit der 1979 durchgeführten Direktwahl zum Europäischen Parlament voranzukommen, als deren deutscher sozialdemokratischer Spitzenkandidat kein Geringerer als Willy Brandt auftrat. Unerwartet spannungsreich gestaltete sich das deutsch-amerikanische Verhältnis während der Präsidentschaft Jimmy Carters, wobei sich unterschiedliche Interessen und differierende Einschätzung des Ost-West-Verhältnisses bemerkbar machten. Schmidt und die anderen führenden deutschen Sozialdemokraten tendierten dazu, in Jimmy Carters Menschenrechtspolitik eine Fortsetzung der ideologischen Auseinandersetzung des Kalten Krieges zu sehen, während sie an einer pragmatischen Verbesserung der Verhältnisse zu Gunsten der Menschen arbeiteten. Als die Sowjetunion um die Jahreswende 1979/80 in Afghanistan einmarschierte, plädierte Carter, der darin eine strategische Entscheidung der Sowjetunion im Hinblick auf den Mittleren Osten sah, für eine harte Haltung, während Schmidt darauf bedacht war, trotz unmissverständlicher Kritik an der sowjetischen Politik nicht zum Kalten Krieg zurückzukehren. Gemeinsam mit der DDR-Führung, deren Spielräume freilich sehr begrenzt waren, versuchte Schmidt sogar zur Deeskalation beizutragen.

Zu einem wirklichen Problem für die deutsche Sozialdemokratie entwickelte sich die Rüstungsentwicklung. Schon Brandt hatte versucht, die Entspannungspolitik zu Abrüstungsverhandlungen zu nutzen, nur kamen die MBFR-Verhandlungen nicht voran. Zwar waren im Salt-I-Abkommen zwischen den USA und der Sowjetunion Grenzen bei der Zahl der strategischen Raketen vereinbart worden, doch waren dabei eurostrategische Waffen – entgegen dem Willen von Schmidt – nicht einbezogen worden. Als nun die Sowjetunion die Modernisierung der eurostrategischen Waffen dazu nutzte, in diesem Feld eine militärische Überlegenheit gegenüber Westeuropa zu erzielen, schlug Schmidt in einer Rede in London 1978 Alarm. Unter seiner Mitwirkung kam es zu dem sog. NATO-Doppelbeschluss, der der Sowjetunion Verhandlungen über die Mittelstreckenraketen anbot, allerdings für den Fall, dass diese nicht zu einem Erfolg führten, die Aufstellung von Mittelstreckenwaffen und Marschflugkörpern ankündigte. Der Beschluss war in der SPD von Anfang an umstritten. Und was Schmidt unterschätzt hatte: Gegen diesen Beschluss und die drohende Nachrüstung bildete sich eine Friedensbewegung, in der sich Menschen engagierten, denen die Logik des militärischen Gleichgewichts nicht vermittelbar war. Dass DDR und Sowjetunion die Bewegung, die sich um den Krefelder Appell sammelte, nach Kräften unterstützte, erklärt die Massenbewegung nur zum Teil. Auch zahlreiche Sozialdemokraten bis hin zu einem Teil der Bundestagsfraktion stellten sich auf die Seite der Friedensbewegung gegen den sozialdemokratischen Kanzler. Auf der Protestkundgebung gegen die Raketenrüstung im Oktober 1981 im Bonner Hofgarten vor mehr als 200 000 Menschen sprach sogar der Sozialdemokrat Erhard Eppler, mit Billigung Willy Brandts. Auch Brandt näherte sich der Friedensbewegung an, weil er nicht zulassen wollte, dass die SPD in einen dauerhaften Gegensatz zu den jungen friedensbewegten Leuten geriet.

Helmut Schmidt aber fühlte sich zunehmend von Brandt im Stich gelassen. Immerhin konnte jedoch auf dem Parteitag in München im März 1982, auf dem die gegensätzlichen Positionen zum Doppelbeschluss erneut aufeinanderprallten, noch einmal ein Kompromiss gefunden werden, den Kanzler Schmidt, Verteidigungsminister Hans Apel (SPD) u. a. mittragen konnten, da er am Doppelbeschluss festhielt, allerdings eine Stationierung im Falle des Scheitern der Verhandlungen an die Zustimmung eines Parteitages band.

Das Scheitern der sozial-liberalen Koalition

Kanzlerkandidat der CDU/CSU war bei der Bundestagswahl 1980 Franz Josef Strauß, der über viele Jahre die SPD immer wieder scharf attackiert hatte, in manche Affären verwickelt war und seit Jahren das innenpolitische «Feindbild» der Sozialdemokratie bildete, das sich freilich schon ein wenig abgenutzt hatte. So war der Wahlkampf durch besondere Härte gekennzeichnet.

Die SPD versuchte den Wahlkampf zunächst mit außenpolitischen Themen zu führen, doch verlagerte sich die Auseinandersetzung dann zunehmend auf innenpolitische Felder, insbesondere auf das Thema der Staatsverschuldung. Wie 1976 focht die CDU/CSU mit der Parole «Freiheit statt Sozialismus». Bemerkenswert war die Strategie der FDP: Sie propagierte, wer Schmidt als Kanzler stärken wolle, müsse FDP wählen. Erstaunlicherweise erzielte die FDP mit dieser Strategie einen großen Erfolg (10,5 %), während die SPD nur geringfügig zulegte (42,9 % statt 42,6 %) und die CDU Stimmen einbüßte (44,5 gegenüber 48,6 %). Die Anfang 1980 gegründete Partei «Die Grünen» blieb (mit 1,5 %) unterhalb der Sperrklausel; sie wurde Opfer der Polarisierung.

Schon unmittelbar nach der Wahl setzte die dann fast kontinuierlich geführte Diskussion ein, inwieweit die beiden Koalitionspartner noch gemeinsame Schnittmengen politischer Ziele hätten. Integrativ wirkte nach wie vor die Deutschland- und Außenpolitik, doch gingen in Fragen der Wirtschafts-, Sozial- und Finanzpolitik oder der Frage der Mitbestimmung die Meinungen zunehmend auseinander. Auch setzten die Koalitionsvereinbarungen nicht nur keine Phantasie frei, sondern stießen insbesondere in der SPD auch auf vielfältige Kritik. Überhaupt setzte sich in der Partei zunehmend eine schlechte Stimmung fest, zumal die konjunkturelle Entwicklung negativ verlief.

Die FDP schlug 1981 einen Kurs ein, der mehr oder weniger zwangsläufig zum Bruch mit den Sozialdemokraten führen musste. Wesentliche Stationen waren der Wende-Brief von Genscher, in dem dieser eine neue Politik forderte, die die Eigenverantwortung der Bürger stärker betonte und sozialpolitische Leistungen reduzierte, sowie das sog. Lambsdorff-Papier, in dem der FDP-Wirtschaftsminister eine neue neoliberale Wirtschaftspolitik propagierte, was umso erstaunlicher war, als die FDP seit 1973 den Wirtschaftsminister gestellt hatte. Die FDP lehnte zudem eine soziale Ausgewogenheit bei den Krisenlasten, etwa eine Ergänzungsabgabe für Besserverdienende als Pendant zu den sozialen Kürzungen, schroff ab. Motive des neuen Kurses lagen nicht nur in der Anpassung an die aus dem angelsächsischen Bereich aufkommende neue Politik des Neoliberalismus und Marktradikalismus, sondern auch in der Furcht, mit der SPD nicht mehr mehrheitsfähig zu sein. Auch das Scheitern der Amnestiepläne der Parteispendenaffäre an der SPD spielte bei der Abwendung der FDP von der SPD wohl eine Rolle.

Allerdings geriet auch die SPD in eine schwierige Phase, zumal – induziert durch die Islamische Revolution im Iran – eine neue Rezession mit steigenden Arbeitslosenzahlen eingesetzt hatte. Die SPD begann an sich selbst zu zweifeln. Bundesgeschäftsführer Peter Glotz versuchte dem gegenzusteuern, indem auf seinen Vorschlag hin eine Historische Kommission und ein Kulturforum im Kontext einer Parteireform gegründet wurden, die sowohl der Identitätsversicherung als auch dem Kampf um die kulturelle Hegemonie in der Gesellschaft dienen sollten. Vor allem aber zerrten bald die schwierigen Verhandlungen zur Haushaltskonsolidierung und der heftige parteiinterne Streit über die Nachrüstung an den Nerven der Parteimitglieder. Zunehmend wurde in der SPD die sozial-liberale Regierung als Last empfunden.

Angesichts des auf einen Bruch hinzielenden Kurses der FDP und der damit zusammenhängenden innersozialdemokratischen Probleme – nicht wenige Sozialdemokraten sahen in der Regierungspolitik die sozialdemokratische Identität in Frage gestellt – plädierten auch gemäßigte Sozialdemokraten für eine Beendigung der Koalition. Helmut Schmidt kämpfte lange um den Fortbestand der Koalition, suchte dazu auch das Gespräch mit Genscher, der jedoch so vage blieb, dass sich Schmidt entschloss, von sich aus die Koalition zu beenden und die FDP-Minister zu entlassen, die mit ihrem Rücktritt dem noch knapp zuvorkamen.

Die sozial-liberale Koalition, die von manchen als historisches Bündnis betrachtet worden war, erwies sich als Koalition auf Zeit, bei der die Gemeinsamkeiten immer mehr aufgebraucht worden waren. Entscheidend war jedoch der neue FDP-Kurs, der an den Philosophien des Neoliberalismus und Marktradikalismus orientiert war und links- bzw. sozialliberale Positionen zunehmend in den Hintergrund drängte. Dadurch waren sozialdemokratische Stimmungen verstärkt worden, die der Regierungsbeteiligung überdrüssig waren.

Helmut Schmidt wurde – nach einer letzten großen Rede im Bundestag, bei der er die Politik der sozial-liberalen Koalition würdigte und den «Verrat» der FDP brandmarkte – am 1. Oktober 1982 durch ein konstruktives Misstrauen gestürzt. Neuer Bundeskanzler wurde Helmut Kohl, doch unterstützte nicht die ganze FDP den Koalitionswechsel. Prominente Liberale wie der FDP-Generalsekretär Günter Verheugen, Ingrid Matthäus-Maier u. a. schlossen sich der SPD an, deren linksliberale Komponente sich damit verstärkte.

X. Neuorientierung in der Opposition

Die hauptsächlich durch den Schwenk der FDP zustande ge-
kommene CDU-FDP-Koalition suchte sich ihre fehlende Legiti-
mation durch Neuwahlen zu verschaffen, die für März 1983
angesetzt wurden. Helmut Schmidt stand nicht mehr als Spitzenkandidat der SPD zur Verfügung, aus gesundheitlichen
Gründen – er litt tatsächlich seit Jahren an einer gravierenden
Herzkrankheit –, aber auch, weil die Partei sich in den letzten
Jahren von ihm wegbewegt hatte. Im Briefwechsel zwischen
Helmut Schmidt und Willy Brandt im Jahr 1982 machte
Schmidt Brandt bittere Vorwürfe wegen der Entwicklung der
Partei, zu der beide schon seit Jahren unterschiedliche Positio-
nen vertraten. Schmidt bedauerte jetzt, dass er als Kanzler nicht
auch den Parteivorsitz angestrebt hatte. Das Zerwürfnis der
beiden bedeutenden Sozialdemokraten wurde erst kurz vor
Brandts Tod überwunden.

Neuer Kanzlerkandidat wurde Hans-Jochen Vogel, der frühere Oberbürgermeister in München, Städtebauminister und
Justizminister in Bonn, der zuletzt Regierender Bürgermeister
von Berlin gewesen war, doch hier bei den Wahlen zum Abgeordnetenhaus gegen Richard von Weizsäcker unterlegen war;
ein erfahrener Mann, der, zeitweilig in der Auseinandersetzung
mit der Linken in München nach rechts gedrängt, einer der Initiatoren des Seeheimer Kreises gemäßigter Sozialdemokraten geworden war, inzwischen jedoch innerparteilich ausgesprochen
integrative Positionen vertrat. Die Ausgangssituation der SPD
war schwierig, zum einen angesichts der – aufgrund einer neu-
erlichen Rezession – wachsenden Arbeitslosigkeit, für die die
alte Regierung verantwortlich gemacht wurde, zum anderen vor
dem Hintergrund der innerparteilichen Auseinandersetzungen
in der Sozialdemokratie. Das Regierungsprogramm Vogels bekannte sich zur Kontinuität, räumte jedoch auch Fehler der so-

zial-liberalen Regierung ein, bezog in der Frage der Raketenstationierung die Position der Friedensbewegung und wandte sich damit von der Politik Schmidts ab. Die SPD kam nur noch auf 38,2 % (das war weniger als bei der Wahl 1965), die CDU/CSU erreichte mit 46,8 % fast die absolute Mehrheit, und die FDP erhielt – trotz der Abspaltungen und Turbulenzen, in die die Partei durch den Koalitionswechsel geraten war – 7 %. Für die SPD problematisch war auch, dass Die Grünen mit 5,6 % in den Bundestag einzogen und neben der SPD auf den Oppositionsbänken Platz nahmen.

Neue Positionen zur Sicherheits-, Umwelt- und Gesellschaftspolitik

Die erneute Übernahme der Oppositionsrolle im Bundestag erforderte eine Umstellung der Arbeitsweise und eine Neubestimmung der inhaltlichen Schwerpunkte. Hans-Jochen Vogel setzte in der Fraktion eine neue Arbeitsstruktur durch, die in einem System von Arbeitskreisen die ganze Fraktion einband und handlungsfähig machte. Was die inhaltlichen Fragen anging, so bezog die Partei teilweise die Positionen der innerparteilichen Opposition gegen Schmidt. So wandte sich die Partei gegen nur 14 Stimmen, zu denen die von Helmut Schmidt gehörte, auf einem Sonderparteitag im November 1983 in Köln gegen die Nachrüstung. Auf einer Kundgebung der Friedensbewegung, auf der 300 000 Menschen gegen die Stationierung der Mittelstreckenraketen protestierten, sprach der SPD-Vorsitzende Willy Brandt; die SPD war nun gleichsam Teil der Friedensbewegung geworden. International waren die Folgen des Kurswechsels für die SPD nicht nur positiv. So setzte sich der sozialistische französische Staatspräsident Mitterrand schon im Januar 1983 in einer Rede vor dem Deutschen Bundestag für die Raketenstationierung ein. Mancherorts in Westeuropa betrachtete man den Kurswechsel der SPD als Ausdruck der «German Angst» und begann, die Partei teilweise als bündnispolitisch unzuverlässig einzustufen.

Der Kurswechsel war verbunden mit der Forderung nach einer neuen militärischen Strategie. Die Gleichgewichtstheorie wurde aufgegeben, schon seit 1981 vertrat Egon Bahr das Konzept der gemeinsamen Sicherheit von Ost und West, das für die SPD nun leitend wurde. Verbunden damit war ein verstärktes Engagement in Abrüstungsfragen, die in der «Nebenaußenpolitik» der SPD – Gespräche mit den kommunistischen Parteien, insbesondere mit der SED – eine wichtige Rolle spielten.

Der Machtwechsel erfüllte die SPD nicht zuletzt im Hinblick auf die Ost- und Deutschlandpolitik mit Sorge, doch setzte Helmut Kohl, bald unterstützt durch Franz Josef Strauß, überraschenderweise die – von der CDU/CSU lange bekämpfte – Neue Ostpolitik der sozial-liberalen Koalition bei partiell veränderter Semantik fort. Die SPD versuchte gleichwohl in diesem Feld dadurch weiter präsent zu sein, dass sie Gespräche mit den kommunistischen Parteien des Ostens, insbesondere mit der SED, aufnahm, in deren Rahmen man sich auf Abrüstungsvorschläge, 1985 für eine chemiewaffenfreie Zone, 1986 für einen atomwaffenfreien Korridor in Mitteleuropa, verständigte. Wirkliche Bedeutung für die Ost-West-Verhandlungen hatten die Vorschläge nicht, doch waren sie Resultate von kontinuierlichen Gesprächen über die Systemgrenzen hinweg und signalisierten auch deutsch-deutsche Gemeinsamkeiten. Noch bemerkenswerter war, dass die SPD-Grundwertekommission seit 1985 mit der Akademie für Gesellschaftswissenschaften beim Zentralkomitee der SED Gespräche über ein Grundsatzpapier zum «Streit der Ideologien und die gemeinsame Sicherheit» führte, das eine neue Kultur der Auseinandersetzung über ideologische Fragen zwischen SPD und SED anvisierte. Man wollte sich gegenseitig respektieren, d. h. die Reformfähigkeit nicht absprechen und Widerspruch zu den eigenen Positionen zu Hause zulassen, was nicht für die SPD, wohl aber für die SED ein weitgehendes Zugeständnis war. Da das vom Politbüro der SED gebilligte Papier in der DDR sogleich zum Referenzpapier für Oppositionelle wurde, zog die SED-Spitze das Papier bald zurück.

Man kann fragen, ob die SPD nicht allzu sehr auf die SED fixiert war und dabei zu wenig oppositionelle Stimmen in der

DDR wahrnahm, die freilich auch für die CDU/CSU kaum existierten. Immerhin gab es einen guten Draht führender Sozialdemokraten zur evangelischen Kirche der DDR, und einzelne Abgeordnete wie Gert Weisskirchen pflegten durchaus auch Kontakte zu den Oppositionellen.

Was die Grundpositionen der Sozialdemokratie angeht, so zeigte sich im Laufe der 8oer Jahre ein schleichender Wandel. Hatten die sozialdemokratischen Kanzler den Gedanken der Einheit der Nation ungeachtet der Zweistaatlichkeit noch akzentuiert, so verblasste nun der Gedanke der Nation als normativer Rahmen. Während der 8oer Jahre gewann auch in der Sozialdemokratie das postnationale Denken an Einfluss, zu dessen positivem Leitbegriff der Habermas'sche Begriff des Verfassungspatriotismus wurde.

Auch im Hinblick auf die Kernkraftwerke wandte sich die Partei nun von den Positionen der Regierungszeit ab. Die SPD strebte jetzt den raschen Ausstieg aus der Kernenergie an. Auf dem Parteitag in Nürnberg 1986 wurde ein Ausstieg in einem Zeitraum von zehn Jahren beschlossen – offensichtlich war die Partei von Fragen der konkreten Realisierung der Politik bereits beträchtlich entfernt. Eine skeptische Haltung gegenüber den Großtechnologien wurde in der Partei zeitweilig geradezu vorherrschend. Auch die neuen Informations- und Kommunikationstechnologien sah man eher ambivalent: Hier argwöhnte man zunächst negative Folgen für die Arbeitsplätze. Man verhielt sich im Hinblick auf die technologisch-ökonomischen Prozesse zunehmend fast defensiv.

Der ökologische und soziale Umbau der Industriegesellschaft wurde allerdings zum viel diskutierten Thema, bei dem der diametrale Gegensatz von Wirtschaft und Ökologie zunehmend abgeschwächt bzw. aufgelöst wurde, u. a. indem in der SPD ein Programm zu Arbeit und Umwelt konzipiert wurde. Fragen dieser Art waren zentral für die Diskussion um ein neues Grundsatzprogramm, dessen Erarbeitung vom Bundesparteitag 1984 in Essen beschlossen worden war. Der unter dem Vorsitz von Willy Brandt erarbeitete Entwurf von Irsee (wo sich die Kommission zur entscheidenden Sitzung getroffen hatte) fixierte die neuen Vorstellungen, die teilweise eine Nähe zu ökosozialistischen Positionen hatten, gleichwohl den breiten Ansatz der Politik der linken Volkspartei weiter verfolgten. In der Öffentlichkeit wurde freilich ein angeblich durchscheinender Zukunftspessimismus kritisiert.

Verstärkt aufgegriffen wurde im Rahmen der Programmdiskussion auch die Gender-Frage. Diskutiert wurde über männliche und weibliche Denk- und Verhaltensweisen, wobei die männlichen tendenziell kritisch und als zu überwinden betrachtet wurden. Weibliche Arbeit sollte neu bewertet werden, doch wie diese Arbeit in das System der Erwerbsarbeit eingefügt werden konnte, blieb offen. Auf jeden Fall nahm die Zahl der weiblichen Parteimitglieder deutlich zu, zumal der Bundesparteitag 1988 in Münster die Einführung einer Frauenquote beschloss, die schrittweise dafür sorgen sollte, dass in allen Gremien Frauen mit einem gleichen Anteil vertreten waren. Obgleich es die SPD gewesen war, die das Frauenwahlrecht eingeführt hatte, bedeutete der Beschluss von Münster eine kleine innerparteiliche Revolution.

Die SPD im veränderten Parteiensystem

Für die SPD stellte sich 1983 nach dem Einzug der Grünen in den Bundestag verstärkt die Frage nach der Mehrheitsfähigkeit. Da die FDP auf unabsehbare Zeit an die CDU/CSU gebunden war, ergab sich für die Sozialdemokraten die Alternative, die Grünen als Koalitionspartner zu gewinnen oder den Versuch zu machen, eine eigene Mehrheit gegen die Grünen zu erkämpfen. Die erstgenannte Variante war zunächst von beiden Seiten her schwierig: Die Grünen sahen sich – fundamentalistischen Tendenzen nachgebend – als Bewegung und Antipartei. Als Koalitionspartner schienen sie deshalb – jedenfalls in naher Zukunft – nicht in Frage zu kommen, zumal in ihr sowohl frühere Sozialdemokraten als auch K-Gruppen-Repräsentanten eine nicht unwichtige Rolle spielten und die scheinbar vorherrschende Vorstellung eines Ausstiegs aus der Industriegesellschaft unrealistisch und abwegig zugleich schien. Dennoch bildete sich 1985 in Hessen unter dem sozialdemokratischen Ministerpräsidenten Holger Börner mit den hier realpolitisch agierenden Grünen eine Zusammenarbeit heraus, die dann im Dezember zu einer Regierungsbeteiligung der Grünen führte. Auch wenn die Regierungskoalition 1987 zerbrach, so war der Versuch einer Koalition gemacht worden, den die Wähler jedoch zunächst nicht honorierten. Dass immer noch eine absolute Mehrheit für die SPD möglich war, zeigten demgegenüber nicht nur die Stadtstaaten, sondern auch die Sozialdemokraten in NRW mit Johannes Rau an der Spitze, obgleich auch hier das traditionelle Arbeitnehmermilieu sich immer weiter differenzierte und seine Konsistenz verlor.

Rau erzielte bei den Landtagswahlen 1985 eine absolute Mehrheit gegen CDU, FDP und Grüne auf der Basis einer ausgesprochen integrativen Politik, die Menschen sehr verschiedener Milieus, nicht zuletzt auch die «kleinen Leute» anzusprechen verstand, was nicht zuletzt mit der Ausstrahlung von Rau zusammenhing, doch auch mit einer Politik, die den notwendigen Strukturwandel sozial abzufedern versuchte. Nach seinem zweiten grandiosen Wahlsieg wurde Rau mehr oder weniger zwangsläufig zum Kanzlerkandidaten, der das NRW-Modell auf den Bund zu übertragen versuchte und das Motto «Versöhnen statt spalten» ausgab, dabei freilich scheiterte. Die SPD erreichte bei der Bundestagswahl 1987 nur 37 %, d. h., sie verlor gegenüber 1983 noch einmal geringfügig. Die CDU erreichte 44,3 %, die FDP 9,1 % und die Grünen 8,3 %.

Das Profil des Kanzlerkandidaten hatte nicht recht zu dem teilweise ökologisch-links orientierten Programm gepasst. Willy Brandt, der als Parteivorsitzender nach wie vor ein Akteur der deutschen Politik war, hatte die Strategie noch während des Wahlkampfes kritisiert, und die Generation von Brandts «Enkeln», die sich immer mehr in den Vordergrund schob, war mehr mit der Frage beschäftigt, wer nach Rau sozialdemokratischer Kanzlerkandidat werden sollte, als ihn zu unterstützen, während im Erich-Ollenhauer-Haus vor allem die Frage der Nachfolge von Brandt interessierte. Insgesamt hatte die Partei im Wahlkampf kein gutes Bild abgegeben und den Kandidaten ein Stück weit hängen lassen. So konnte die CDU/CSU/FDP-Koalition weiter regieren.

An Willy Brandt, der länger die Partei geführt hatte als jeder andere außer August Bebel, wurde nun doch auch Kritik geübt, zuletzt als er die parteilose Margarita Mathiopoulos zur Parteisprecherin machen wollte. Brandt gab daraufhin das Amt des Parteivorsitzenden auf und verabschiedete sich mit einer großen Rede, in der er die besondere Bedeutung des Begriffs der Freiheit für die Sozialdemokratie hervorhob.

Hans-Jochen Vogel, der Fraktionsvorsitzende im Bundestag, wurde nun auch Parteivorsitzender. Der Kommission, die das neue Parteiprogramm – in Auseinandersetzung mit dem Irseer Entwurf – ausarbeiten sollte, saß er zwar als Nachfolger von Brandt vor, doch fungierte Oskar Lafontaine als geschäftsführender Vorsitzender, der diese Funktion vorrangig als Plattform für öffentliche Auftritte nutzte. Das im Dezember 1989 beschlossene Programm, das auf dem Godesberger Programm aufbaute, enthielt Passagen über den bisherigen Weg der Sozialdemokratie, über eine realistische Anthropologie und eine sorgfältige Definition sozialdemokratischer Grundwerte. In ihm spiegelten sich ansonsten die Diskussionen über den ökologischen und sozialen Umbau der Industriegesellschaft, über eine neue Kultur des Miteinanderumgehens, über die postnationale Identität und über die gemeinsame Sicherheit, über die Europäische Gemeinschaft auf der einen Seite und das Gemeinsame Haus Europa auf der anderen Seite. Gleichwohl mangelte es ihm an Konsistenz. Die Schlussberatung auf dem Programmparteitag in Berlin im Dezember 1989 wurde überlagert von den sich überstürzenden Ereignissen der DDR und in Osteuropa. Sie ließen das Programm in manchen Passagen zum Zeitpunkt seiner Verabschiedung schon als überholt erscheinen.

XI. Die SPD in der Umwälzung 1989/90

Der Umbruch 1989/90, der zum Ende der SED-Diktatur und zum Beitritt der DDR zur Bundesrepublik führte (und eine wichtige Komponente im Prozess der Auflösung sowjetkommunistischer Herrschaft in Osteuropa war), ist in der Bundesrepublik und in den meisten Ländern des Westens von fast niemandem erwartet worden. Die DDR galt – trotz unübersehbarer Probleme – vor allem als stabil. Die Versuche ihrer Führung, sich weiter vom Westen abzuschirmen bzw. dessen Einfluss mit Hilfe der Stasi zu neutralisieren, wurden in der zweiten Hälfte der 80er Jahre nicht nur fortgeführt, sondern verbunden mit einer Distanzierung der SED von der Gorbatschow'schen Reformpolitik, was nachdenklich hätte stimmen müssen.

1989/90 stellte sich für die bundesdeutsche Politik die Frage, inwieweit sie den Prozess nicht nur richtig erfasste, sondern auch ein Stück weit mit gestalten konnte. Die Sozialdemokratie war dabei gegenüber der CDU und FDP insofern strukturell in einer ungünstigeren Lage, als sie in der Opposition war.

Die SPD und die Friedliche Revolution

Während die bundesdeutsche Öffentlichkeit die Entwicklung in der DDR mit wachsendem Interesse und zunehmender Sympathie für die Opposition verfolgte, verharrte die Bundesregierung bis in den Herbst hinein in einer passiven Haltung, in der sie nichts unternahm, um die DDR zu destabilisieren. Eine dezidierte kritische Beurteilung der Lage des SED-Systems nahm Erhard Eppler, der sich in besonderer Weise um eine Weiterentwicklung des deutsch-deutschen Dialogs bemüht hatte, in seiner Rede zum 17. Juni 1989 vor dem Deutschen Bundestag vor. Das Verhalten der SED-Führung zum Streitpapier und zu notwendigen Reformen ließen Eppler jetzt an der Zukunftsfähigkeit des SED-Staates zweifeln. Niemand – so meinte Eppler jetzt – könne die alten Herren in Ostberlin daran hindern, sich selbst zu Grunde zu richten. Eppler räumte der SED-Führung offensichtlich nur noch wenig Zeit für notwendige Reformen ein. So skeptisch hatte sich seit Jahren kein westdeutscher Politiker über die DDR geäußert.

Im Herbst 1989 stellte sich auch für die SPD angesichts der Demonstrationen, der Ausreisewelle und der Reaktion des Regimes die Frage, ob man die bisherige Politik fortsetzen sollte. Diese verfolgte den Ausbau der Beziehungen mit der Absicht, den Frieden sicherer zu machen und die DDR zu zivilisieren. Norbert Gansel, der SPD-Parteiratsvorsitzende, plädierte nun – in Abwandlung von Egon Bahrs berühmtem Motto «Wandel durch Annäherung» – für «Wandel durch Abstand». Einem Teil der führenden Sozialdemokraten fiel die Revision der bisherigen Politik offensichtlich schwer, zumal sie z. T. unter dem Primat der Sicherheitspolitik geführt wurde und das Interesse sich darauf richtete, auf der Basis des Status quo eine neue Sicherheitsarchitektur zu errichten. Die Zweistaatlichkeit in Deutschland war dabei selbstverständliche Voraussetzung dieser Politik. Die deutsche Frage hatte sich auf die Weiterentwicklung des Verhältnisses von Bundesrepublik und DDR im Rahmen des Gemeinsamen Hauses Europa reduziert.

Allerdings begannen auch in der Sozialdemokratie einige, allen voran Willy Brandt, angesichts der sich verändernden Konstellation ihre Politik zu überprüfen und weiterzuentwickeln. Brandt, der eine Kompatibilität von deutscher und europäischer Politik der Zusammenarbeit anstrebte, war nun der Ansicht, dass nicht nur kleinere, sondern größere Schritte im Ost-West-Verhältnis nötig waren. In einem Gespräch mit Gorbatschow warf er bereits im Oktober 1989 – d. h. vor Öffnung der Mauer und vor Kohls 10 Punkten – die Frage auf, ob in der veränderten Lage, in der sich Europa annähere, ein «gemeinsames Dach» der beiden deutschen Staaten möglich sei. Und der Parteivorsitzende Hans-Jochen Vogel vertrat am gleichen Tag, an dem Helmut Kohl Ende November 1989 sein 10-Punkte-Konzept vorlegte, ganz ähnliche Positionen in einem 5-Punkte-Konzept wie dieser.

Gegen diese Position, die eher von der älteren und mittleren als von der jungen Generation der SPD vertreten wurde, erhoben sich Stimmen, vor allem auch von «Enkeln» Brandts, die davor warnten, die Zweistaatlichkeit aufzugeben. Besonders lautstark tat dies auch Günter Grass, der die Selbständigkeit der DDR verteidigte. Danach war die deutsche Zweistaatlichkeit zum einen die notwendige Konsequenz aus dem Dritten Reich und seiner verbrecherischen Politik, die im Holocaust gipfelte, zum anderen Voraussetzung für eine Friedensordnung im gegenwärtigen Europa.

Beide Strömungen trafen auf dem Programmparteitag im Dezember 1989 in Berlin aufeinander, besonders eindrucksvoll artikuliert von Willy Brandt auf der einen und Oskar Lafontaine auf der anderen Seite. Brandt sah bereits zu diesem Zeitpunkt die Möglichkeit und Notwendigkeit, eine Politik in Richtung Einheit energisch einzuleiten, die er vor dem Hintergrund der Geschichte wie der Erfahrungen der Gegenwart als tief begründeten Teilprozess im Rahmen der Überwindung der europäischen Spaltung betrachtete: «[...] nirgends steht [...] geschrieben, dass sie, die Deutschen, auf einem Abstellgleis zu verharren haben, bis irgendwann ein gesamteuropäischer Zug den Bahnhof erreicht hat.»

Lafontaine hatte zuvor aus seiner Skepsis im Hinblick auf die Überwindung der Zweistaatlichkeit kein Hehl gemacht und sich gegen «Deutschtümelei» gewandt. Auf dem Parteitag hob er die internationalistische Tradition der Sozialdemokratie hervor. Bezogen auf die DDR, forderte er lediglich eine Politik, die gleiche Lebensverhältnisse in der DDR realisierte wie in der Bundesrepublik. Nur mit Mühe gelang es dem Parteivorsitzenden Vogel, eine Resolution im Vorstand und im Parteirat durchzusetzen, die die Wiederherstellung der staatlichen Einheit zum Ziel sozialdemokratischer Politik erklärte.

Die Gründung der SDP in der DDR

Im Herbst 1989 kam es in der DDR – überraschend für die westdeutsche Öffentlichkeit – im Kontext der Entstehung oppositioneller Plattformen und Gruppen zur Bildung einer Sozialdemokratischen Partei in der DDR. In den späten 70er Jahren war in der DDR, deren Führung nach wie vor jede Opposition zu unterbinden suchte, hier und da der Gedanke einer (Wieder-) Gründung der SPD aufgetaucht. Es waren bemerkenswerterweise zwei Pfarrer, Martin Gutzeit und Markus Meckel, von denen die erfolgreiche Initiative zur Gründung der SDP ausging – was auf den Tatbestand verweist, dass oppositionelles Denken sich zunehmend unter dem Dach der evangelischen Kirche entwickelt hatte. Meckel und Gutzeit hatten sich in der unabhängigen Friedensbewegung der DDR engagiert, die zum Nukleus der Opposition in der DDR wurde. Seit Anfang des Jahres 1989 an dem ebenso kühnen wie riskanten Gedanken der Gründung arbeitend, traten sie Ende August mit dem Aufruf zur Gründung der Sozialdemokratischen Partei in der DDR an die oppositionelle Öffentlichkeit, über die der Aufruf auch in die westlichen Medien gelangte. Anders als bei den anderen oppositionellen Gruppen, die zunächst nur ein offenes Gespräch über die Verhältnisse in der DDR forderten oder bestimmte Rechte postulierten, wollten die Initiatoren bewusst eine Partei gründen, was die Systemfrage stellte und eine ungeheure Herausforderung der SED darstellte. Zweifellos bekam durch diese Gründung die Oppositionsbewegung aus der Sicht der SED eine neue Qualität.

Die Parteigründer strebten eine parlamentarische Demokratie mit einem Mehrparteiensystem an, wirtschaftspolitisch eine soziale Marktwirtschaft, auch Gewaltenteilung und Rechtsstaatlichkeit. Sie träumten nicht von einem Dritten Weg, mehrheitlich auch nicht von einer Basisdemokratie. Sie beriefen sich vielmehr auf die Menschen- und Bürgerrechtstraditionen des Westens im Allgemeinen und auf die sozialdemokratische Tradition im Besonderen. Im Grunde waren sie an der SPD Willy Brandts und Helmut Schmidts orientiert.

Die eigentliche Gründung wurde am 40. Jahrestag der Gründung der DDR im Pfarrhaus des Ortes Schwante nördlich von Berlin von 46 Männern und Frauen vorgenommen, die eine Gründungsurkunde unterschrieben. Der aus der Sicht der SED illegalen Partei schlossen sich Bürger an, denen die Ziele der Bürgerbewegung nicht reichten, die vielmehr eine grundlegende Umgestaltung der DDR anstrebten. Dabei übte die SDP sogleich Attraktivität über den Bereich der evangelischen Kirche hinaus, nicht zuletzt im Hinblick auf die technische und naturwissenschaftliche Intelligenz, aus.

Die Gründung erfolgte ohne irgendwelche Hilfe und auch ohne genauere Kenntnis der SPD in der Bundesrepublik. Allerdings versuchte die neue Partei mit dieser in Kontakt zu kommen, auch um in die Sozialistische Internationale aufgenommen zu werden. Steffen Reiche, einer der Gründer, der zu einem Verwandtenbesuch im Westen weilte, stellte die Partei bereits im Oktober der westdeutschen Öffentlichkeit vor. Repräsentanten der Partei im Westen wie Karsten Voigt, Egon Bahr oder Walter Momper hatten zunächst eher zurückhaltend reagiert, doch verzichtete die Parteiführung, in der Vogel und auch Brandt sich offen gegenüber der neuen Partei zeigten, auf eigene Gründungsaktivitäten. Zunehmend begannen in der SPD Einzelne, dann auch Gliederungen und die Parteiführung, die neue Partei zu unterstützen, obgleich es anfangs eine gewisse Unsicherheit gab, ob man ausschließlich auf die neue Partei setzen und sie als Schwesterpartei begreifen sollte.

Die Gründung war auf die DDR bezogen, doch stellte sich nach Öffnung der Mauer für die SDP wie für die ganze Oppositionsbewegung die Frage, wie sie sich zum Einheitsstreben beträchtlicher Teile der Bevölkerung verhalten sollte. Die SDP setzte sich schon im Dezember 1989 für die deutsche Einheit ein, wollte sie jedoch auf gleicher Augenhöhe mit dem Westen vollziehen. Die SDP bildete zunehmend eine Herausforderung auch für die West-Sozialdemokratie.

Im Februar 1990 (vom 22.–25. Februar) wurde die inzwischen auch in der DDR SPD (und nicht mehr SDP) genannte Partei durch einen Parteitag in Leipzig gegründet. Man beschloss ein Grundsatzprogramm und wählte einen Vorstand mit Ibrahim Böhme als Vorsitzendem, Markus Meckel, Karl-August Kamilli und Angelika Barbe als stellvertretenden Vorsitzenden und Stephan Hilsberg als Geschäftsführer. Als Ehrenvorsitzenden aber gewann man Willy Brandt. Auch Oskar Lafontaine nahm am Parteitag in Leipzig teil; seine Rede, bei der Lafontaine sein distanziertes Verhältnis zur DDR-Revolution nicht überwand und vor allem die West-Medien im Auge hatte, führte zu einer Enttäuschung bei den Ost-Sozialdemokraten.

Der Wahlkampf zur Volkskammerwahl am 18. März 1990 wurde für die SPD in der DDR schwierig. Die West-SPD respektierte die Eigenständigkeit der neuen Partei, der jedoch weitgehendst eine Infrastruktur für einen Wahlkampf fehlte. Dies war bei der CDU anders, die sich bedenkenlos auf den Apparat der SED-Blockpartei Ost-CDU stützte, die mit dem Demokratischen Aufbau zusammen eine «Allianz für Deutschland» bildete, deren Wahlkampf vom Konrad-Adenauer-Haus geleitet wurde. Der Wahlkampf unterstellte der SPD eine Nähe zur PDS/SED, was die junge Partei so verschreckte, dass sie ehemalige SED-Mitglieder zeitweilig gar nicht mehr aufnahm, was die Entwicklung der Partei behinderte – in welchem Maße, ist bis heute strittig.

Der Wahlausgang bedeutete für die SPD in der DDR, die als Favoritin in den Wahlkampf gegangen war, eine arge Enttäuschung. Sie kam auf 21,9 %, die Allianz für Deutschland dagegen auf 40,8 %, die PDS immerhin auf 16,4 %. Von den alten Hochburgen der Sozialdemokratie in Mitteldeutschland war offensichtlich nichts geblieben (sie waren erfolgreich von der SED geschleift worden). Der SPD in der DDR hatte wohl auch das unscharfe Bild der West-SPD geschadet: Die Ost-SPD wollte – wie die große Mehrheit der DDR-Bevölkerung – den raschen Beitritt nach Artikel 23 des Grundgesetztes, der Vorstand in Bonn präferierte den langwierigen Weg nach Artikel 146. Wer in der DDR die rasche Wiedervereinigung wollte, glaubte diese am klarsten bei der Allianz für Deutschland als Ziel erkennen zu können.

Die Ost-SPD beschloss – nach kontroversen Diskussionen, bei denen als Protagonisten einer Regierungsbeteiligung vor allem Richard Schröder und Markus Meckel auftraten –, sich an einer großen Koalition in der Volkskammer zu beteiligen, was angesichts der existentiellen Bedeutung der zu treffenden Entscheidungen auch aus der Sicht des künftigen Ministerpräsidenten Lothar de Maizière (CDU) zu befürworten war. Markus Meckel wurde Außenminister, Walter Romberg Finanzminister, Regine Hildebrandt Sozialministerin (zwei weitere Ressorts wurden von der SPD besetzt). Die SPD war während des Vereinigungsprozesses im Osten in der Regierung, im Westen in der Opposition, was nicht ohne Spannungen abgehen konnte, zumal Lafontaine zunehmend den Oppositionskurs dominierte.

Die SPD im Vereinigungsprozess

Der als SPD-Kanzlerkandidat vorgesehene und dann nominierte Lafontaine behielt seinen skeptischen Kurs gegenüber dem Vereinigungsprozess das ganze Jahr 1990 über bei. Charakteristisch war seine Haltung gegenüber einer Währungsunion, die früh von der sozialdemokratischen Finanzpolitikerin Ingrid Matthäus-Maier vorgeschlagen worden war. Lafontaine versuchte, die Bundestagsfraktion und die meisten SPD-Länder auf ein Nein im Bundesrat festzulegen, allerdings ein von der SPD regiertes Land positiv votieren zu lassen, damit der Vertrag den Bundesrat passieren konnte. Lafontaine, der zeitweilig durch die Folgen eines Attentats geschwächt war, überzeugte mit seinem Kurs weder die Menschen in der DDR noch die Mehrheit der bundesdeutschen Öffentlichkeit: «Der falsche Mann zur falschen Zeit» nannte ihn Theo Sommer im Juni 1990 in der «Zeit».

Führende Sozialdemokraten wie Willy Brandt, Johannes Rau, Hans-Jochen Vogel nahmen nicht nur eine andere Haltung ein, sondern viele westdeutsche Sozialdemokraten aller Parteiebenen engagierten sich auch im Vereinigungsprozess. Insbesondere legte die SPD ihr Augenmerk auf die sozialen Probleme in der DDR. Sie warnte vor nachhaltigen Verwerfungen und kritisierte nicht nur den Grundsatz Rückgabe vor Entschädigung, sondern auch die Finanzierung der Vereinigung, die teils über die Sozialsysteme, teils über Kredite statt über Steuererhöhungen erfolgte.

Die Zusammenarbeit zwischen den Sozialdemokraten in der DDR und denen in der Bundesrepublik wurde im Laufe des Jahres immer intensiver. Am 27. September 1990, d. h. noch vor der staatlichen Vereinigung, vereinigten sich die beiden sozialdemokratischen Parteien in einer eindrucksvollen Zeremonie in Berlin. Auf dem gemeinsamen Parteitag unterzeichneten der Ehrenvorsitzende Willy Brandt, der Vorsitzende Hans-Jochen Vogel und die stellvertretenden Vorsitzenden, unter ihnen Wolfgang Thierse, der letzte Vorsitzende der DDR-Sozialdemokraten (Ibrahim Böhme hatte wegen seiner Stasitätigkeit zurücktreten müssen), das «Manifest zur Wiederherstellung der Einheit».

Im ersten gesamtdeutschen Bundestagswahlkampf beschränkte sich Kanzlerkandidat Lafontaine, der sich wenig angemessen zum kleinen Napoleon von der Saar zu stilisieren suchte, allzu sehr darauf, die Nachteile des von Kohl und der schwarz-gelben Regierung gesteuerten Vereinigungsprozesses herauszustellen, propagierte ansonsten einen «neuen Weg»: «ökologisch, sozial, wirtschaftlich stark». Kohl konnte auch deshalb bei der Wahl triumphieren, weil Kanzlerkandidat Lafontaine kein Verhältnis zur deutschen Einheit fand und kein plausibles alternatives Konzept vorlegte.

Bei der ersten gesamtdeutschen Wahl zum Deutschen Bundestag erreichte die SPD nur 33,5 %, die CDU 43,8 %, die FDP 11 %. Die Grünen scheiterten im Westen an der 5-%-Grenze; in den Bundestag zogen allerdings die mit den Grünen verbundenen Leute vom Bündnis 90 ein. Auch der PDS gelang der Sprung in den Bundestag.

Das katastrophale Wahlergebnis und die Kritik Willy Brandts an der Politik Lafontaines 1989/90 führten dazu, dass Lafontaine nach der Wahl auf den ihm angebotenen Parteivorsitz verzichtete. Zum neuen Parteivorsitzenden wurde der schleswigholsteinische Ministerpräsident Björn Engholm gewählt, wie Lafontaine ein Repräsentant der Enkelgeneration, allerdings im Stil und Auftreten gemäßigter und kultivierter als der zum Populismus neigende Lafontaine.

XII. Opposition im Bund, Regieren in den Ländern, Positionskämpfe in der Partei (1990–1998)

1989/90 zeigte sich die SPD mit ihren inneren Gegensätzen und teilweise auch Vorbehalten gegenüber dem tief greifenden Umbruch nur bedingt auf der Höhe der Zeit, was die Ära Kohl auf der Bundesebene verlängerte.

Während die SPD im Bundestag weiterhin in der Opposition war – Oppositionsführer wurde im Herbst 1991 als Nachfolger Hans-Jochen Vogels Hans-Ulrich Klose –, gewann die SPD auf der Länderebene deutlich Terrain, allerdings mehr im Westen als im Osten, wo sie nur in Brandenburg mit Manfred Stolpe den Ministerpräsidenten stellte, der hier bald zur unbestrittenen Führungsfigur wurde. Im Januar 1991 gelang es der SPD mit Hans Eichel, das Land Hessen, das bis in die 80er Jahre eine sozialdemokratische Domäne gewesen war, durch eine Koalition mit den Grünen zurückzugewinnen. Im April des gleichen Jahres siegte die SPD mit Rudolf Scharping in Rheinland-Pfalz, das bis dahin als klassisches CDU-Land gegolten hatte, und im Juni erreichte die SPD in Hamburg wieder die absolute Mehrheit der Mandate. Nimmt man hinzu, dass die SPD gleichzeitig mit Johannes Rau in NRW, mit Oskar Lafontaine im Saarland, mit Björn Engholm in Schleswig-Holstein und – seit Mai 1990 – mit Gerhard Schröder in Niedersachsen den Ministerpräsidenten stellte, so hatte sie eine eindrucksvolle Position auf der Ebene der Länder. Im Mai 1991 stellten die Sozialdemokraten in neun Ländern den Ministerpräsidenten, davon acht in der alten Bundesrepublik.

Innerhalb der SPD verlagerten sich damit die Gewichte weiter zur Länderebene, was zu einer gewissen Dezentralisierung der Macht führte, auch wenn das größte Bundesland mit dem langjährigen Ministerpräsidenten Johannes Rau herausragte. Der neue Parteivorsitzende, der schleswig-holsteinische Ministerpräsident Engholm, nahm einige neue Weichenstellungen vor, musste jedoch schon 1993 wegen einer Falschaussage im Kontext der Barschel/Pfeiffer-Affäre zurücktreten. Der Parteivorsitz lief angesichts der inzwischen recht unübersichtlichen polyzentrischen Struktur, die von den Politologen Peter Lösche und Franz Walter als «lose verkoppelte Anarchie» bezeichnet wurde, nicht automatisch auf einen Kandidaten zu. In einer Abstimmung der Mitglieder – ein Novum in der Parteigeschichte – erreichte Rudolf Scharping die meisten Stimmen, vor Gerhard Schröder und Heidemarie Wieczorek-Zeul.

Den Bundestagswahlkampf 1994 führte die Partei mit einer Troika, mit dem Parteivorsitzenden Scharping, der als Kanzlerkandidat vorgesehen war, Oskar Lafontaine und Gerhard Schröder. Mit 36,3 % gewann die SPD zwar hinzu, doch konnte Kohl, dessen CDU/CSU auf 41,5 % kam, mit der FDP (6,9 %) eine knappe Mehrheit behaupten, so dass die SPD wiederum in der Opposition neben Grünen (7,3 %) und PDS (4,4 %), deren Etablierung auf der Bundesebene noch unklar blieb, Platz nahm.

Innerparteilich bedeutete dies, dass die Führungsfrage in der SPD nicht entschieden war und die Machtkämpfe in aller Öffentlichkeit wieder aufbrachen, insbesondere zwischen Schröder und Scharping, doch war auch Lafontaine daran beteiligt. Auf eine äußerst spektakuläre Weise wurde dann Scharping im November 1995 auf dem Parteitag in Mannheim abgelöst. Hatte Lafontaine, der nach der Wahlniederlage in den frühen 90er Jahren in Saarbrücken vorrangig durch verschiedene Affären auf sich aufmerksam gemacht hatte, vor dem Parteitag noch eine Kandidatur um den Parteivorsitz verneint, so erklärte er sich nun doch – nach einer die Mehrheit der Delegierten rhetorisch beeindruckenden Rede – bereit, gegen Scharping zu kandidieren, was ungeachtet widersprechender Geschäftsordnungsbestimmungen zugelassen wurde. Tatsächlich siegte Lafontaine bei dieser vielfach als «Putsch» bezeichneten Wahl gegen Scharping, der sich bereiterklärte, auf die Funktion eines stellvertretenden Vorsitzenden zurückzugehen. Die traditionelle politische Kultur der Partei wirkte nach dieser Wahl beschädigt.

Immerhin trat nun eine gewisse Ruhe in der Partei ein. Lafontaine bemühte sich um eine Integration der vielfältigen Gruppen und Richtungen der Partei, wozu auch der neue Bundesgeschäftsführer Franz Müntefering, Vorsitzender des größten Parteibezirks Westliches Westfalen, entscheidend beitrug. Allerdings war die Kanzlerkandidatenfrage für 1998 noch nicht geklärt. Schließlich verständigten sich Lafontaine und Schröder, die in der Öffentlichkeit als Freunde auftraten, darauf, dass derjenige als Kanzlerkandidat antreten sollte, der die größten Chancen habe. Durch die – teilweise im Zeichen des Wettbewerbs der beiden stehende – niedersächsische Landtagswahl am 1. März 1998, bei der Schröder mit 47,9 % der Stimmen die absolute Mehrheit der Sitze im Landtag erzielte, wurde über die Kanzlerkandidatenfrage entschieden. Dies war der vorläufige Abschluss innerparteilicher Auseinandersetzungen über die Spitzenfunktionen, die zweifellos die SPD belasteten. Der erhebliche Rückgang der Mitglieder in diesen Jahren hatte sicherlich verschiedene Ursachen, zu denen die zunehmende Auflösung des traditionellen Arbeitnehmermilieus gehörte; doch haben auch die personellen Auseinandersetzungen zum Verdruss über die Partei beigetragen.

Was die inhaltlichen Schwerpunktsetzungen in den 90er Jahren anging, so standen die Arbeitslosigkeit, die Frage der Einwanderung und die Frage der Beteiligung des vereinigten Deutschland an internationalen Militäreinsätzen im Mittelpunkt der Auseinandersetzung. Mit der Pflegeversicherung wurde der Sozialstaat – nachdrücklich von der SPD mitgetragen – ergänzt.

Schon Björn Engholm korrigierte als Parteivorsitzender in der Asylfrage die Positionen der Partei. Der starke Zustrom von Asylbewerbern, die in ihrer großen Mehrheit Migranten mit ökonomischen Motiven waren, hatte die Kommunen vor erhebliche Probleme gestellt und die Ausländerfeindlichkeit, die in schlimmen Gewalttaten ihren Ausdruck fand, gefördert. Auf der Basis der sog. «Petersberger Beschlüsse» beschloss die SPD mehrheitlich trotz erheblicher Widerstände auf einem außerordentlichen Parteitag in Bonn 1992 eine Neufassung des Asylrechtes und ein modernes Einwanderungsrecht, um den Zu-strom zu kanalisieren. Auseinandersetzung mit Fremdenfeind-lichkeit wurde zum Gegenstand vielfältiger Bemühungen der Partei, u. a. gründete Hans-Jochen Vogel die Vereinigung «Ge-gen Vergessen – Für Demokratie».

Zu schaffen machte der Sozialdemokratie die Frage der Betei-ligung der Bundesrepublik an internationalen Militäreinsät-zen. Noch auf dem Bremer Parteitag im Mai 1991 hatte eine Mehrheit zwar Blauhelmeinsätze bei friedenserhaltenden Maß-nahmen akzeptiert, doch – trotz der Befürwortung durch Willy Brandt – eine prinzipielle Zustimmung zur Beteiligung an mili-tärischen Interventionen unter UNO-Kommando abgelehnt. Der Parteitag in Bonn bejahte zwar eine Verfassungsänderung, um Blauhelmeinsätze zu ermöglichen, aber erst die Erfahrungen im früheren Jugoslawien, insbesondere das Massaker von Sre-brenica, bewirkten ein Umdenken bei den Sozialdemokraten, so dass die deutsche Beteiligung an den UNO-Militäraktionen IFOR und SFOR in Bosnien-Herzegowina 1995/96 von der Mehrheit der Abgeordneten der SPD nicht mehr abgelehnt wur-de. 1999 ging die inzwischen an die Macht zurückgekehrte Par-tei angesichts der Geschehnisse im Kosovo noch weiter, so dass für die 90er Jahre in dieser Frage eine Neuorientierung der SPD zu konstatieren ist.

Das gravierendste Problem waren aus der Sicht der Partei – nach Abklingen des Vereinigungsbooms – die wachsende Ar-beitslosigkeit und die damit einhergehende «soziale Kälte» – tatsächlich veränderte sich das soziale Klima in Deutschland unter dem Eindruck der Härten des Transformationsprozesses in der früheren DDR. Im Osten lag 1997/98 die Arbeitslosen-quote bei 19,5 % und auch im Westen überstieg sie in dieser Zeit die 10-%-Grenze. Im Januar 1998 waren 4,9 Millionen Arbeitnehmer arbeitslos gemeldet. Neue wirtschaftspolitische Konzepte schienen geboten.

Gerhard Schröder setzte sich in besonderer Weise für die För-derung von Innovationen in der Wirtschaft ein. Mit dem Satz, es gehe nicht um linke oder rechte Wirtschaftspolitik, sondern um eine moderne oder eine überholte, brachte Schröder Teile der Partei gegen sich auf, doch galt er zunehmend als Repräsentant einer sozialdemokratischen Politik, die sich neuen ökonomischen Entwicklungen nicht entgegenstellte, sondern sie unorthodox und pragmatisch zu nutzen suchte. Das Image eines wirtschaftsfreundlichen Modernisierers hatte auch Wolfgang Clement, der im Mai 1998 die Nachfolge von Johannes Rau als NRW-Ministerpräsident antrat.

Zu den Problemen der Partei gehörte auch das Verhältnis zur PDS. In Sachsen-Anhalt konnte Reinhard Höppner nach den Zugewinnen bei der Landtagswahl im April 1998 seine Minderheitsregierung fortsetzen, die bei bestimmten Fragen auf die Unterstützung durch die PDS angewiesen war. Dieses 1994 zusammen mit Bündnis 90 entwickelte «Magdeburger Modell» war weiterhin Anlass von Diskussionen in Öffentlichkeit und Partei, in denen es nicht zuletzt um die Aufarbeitung der SED-Diktatur in der PDS ging. Dennoch begann die SPD in den neuen Ländern, in denen die Parteistruktur weit hinter der des Westens zurückblieb, Koalitionen mit der PDS zu erwägen, da andernfalls nur Große Koalitionen mehrheitsfähig waren. Im November 1998 bildete dann Harald Ringstorff eine solche Koalition der SPD mit der PDS in Mecklenburg-Vorpommern. Die Distanz zwischen SPD und PDS blieb jedoch auf Bundesebene so groß, dass hier an eine Zusammenarbeit nicht zu denken war.

Die Konstellation vor der Bundestagswahl 1998 war für die SPD ungleich günstiger als bei den Wahlen vorher. Erstmals seit langer Zeit gab es eine Wechselstimmung, zumal die Regierung Kohl das Problem Arbeitslosigkeit nicht in den Griff bekam. Die SPD wirkte konsolidiert. In dem von Franz Müntefering und seiner eigenständigen Kampa effektiv organisierten Wahlkampf arbeitete das Duo Schröder-Lafontaine erstaunlich gut zusammen. Mit dem Motto «Arbeit, Innovation und Gerechtigkeit» versuchte man sowohl die traditionelle Klientel als auch enttäuschte CDU-Wähler anzusprechen. Die SPD stellte sich als kraftvolle Partei dar, die sozialdemokratische Wertorientierungen mit dem Mut zu Innovationen verband. Ein «Bündnis für Arbeit» sollte alle Kräfte auf die Schaffung von Arbeitsplätzen konzentrieren. Die auf die Mitte zielende Wahlkampfstrategie kam etwa in der Devise zum Ausdruck: «Wir machen manches anders, aber vor allem: vieles besser.»

Der große Wahlsieger war am 27. September 1998 tatsächlich die SPD, die erstmals seit 1980 wieder die 40-%-Grenze überstieg. Sie erreichte 40,9 %, die CDU/CSU fiel auf 35,2 %, zum zweiten Mal in der deutschen Nachkriegsgeschichte war damit die SPD die stärkste Partei, die FDP verlor mit 6,2 % leicht, ebenso Die Grünen mit 6,7 %. Der nächste Kanzler der Bundesrepublik war damit der Sozialdemokrat Gerhard Schröder, Bundestagspräsident wurde der Ostdeutsche Wolfgang Thierse.

XIII. Ein zweites sozialdemokratisches Jahrzehnt (1998–2009)?

Mit der Bundestagswahl im September 1998 gingen 16 Jahre Kanzlerschaft Kohl und CDU/CSU/FDP-Koalition zu Ende, in denen die SPD im Bund in der Opposition war. Der Sprung in die Regierung war für die Sozialdemokraten entsprechend groß, obgleich die SPD durch ihre maßgebliche Rolle in einer Reihe von Ländern durchaus Regierungserfahrung hatte. Es folgte nun eine Periode von elf Jahren sozialdemokratischer Regierungsbeteiligung, in der die SPD von 1998–2005 den Kanzler einer rot-grünen Koalition stellte, danach mit der CDU eine Große Koalition einging, in der sie zwar fast genauso stark wie CDU/CSU war, doch Angela Merkel als Regierungschefin akzeptieren musste.

Zu dominant waren Neoliberalismus und Marktradikalismus, als dass die SPD diesem Jahrzehnt ihren Stempel hätte aufprägen können. Und doch wurde von ihr versucht, diesen Strömungen ein Stück weit gegenzusteuern, aus heutiger Sicht vielleicht nicht genug, doch sind die Grenzen jeder nationalen Politik bezogen auf diese Zeit mitzusehen, in der es für Deutschland schwerlich die Möglichkeit gab, sich von internationalen Tendenzen abzukoppeln. Man kann sogar sagen, dass die SPD erneut – wie schon früher in ihrer Geschichte – aus ihrer Sicht notwendige Entscheidungen fällte, auch wenn die Partei dabei schwere Nachteile hatte.

1999 wählte die Bundesversammlung den Sozialdemokraten Johannes Rau zum Bundespräsidenten, der fünf Jahre vorher knapp im dritten Wahlgang Roman Herzog unterlegen war. Rau versuchte entschiedener als die Regierung, Gegenpositionen zu dem ökonomisch-utilitaristischen neoliberalen Zeitgeist zu vertreten, war aber vielleicht gerade deshalb zeitweilig ein «unerhörter Präsident», wozu wohl auch beitrug, dass Rau einer anderen Generation als die Regierungsmitglieder angehörte.

Das rot-grüne Projekt

Der Sieg von Rot-Grün ist schon von den Zeitgenossen als verspäteter Sieg der «68er» bezeichnet worden. Daran ist so viel richtig, dass unter den Ministern Geburtsjahrgänge der 40er Jahre vorherrschten, d. h. der ersten Nachkriegsgeneration. Mit Gerhard Schröder als Kanzler und Joschka Fischer als Außenminister und Vizekanzler standen zwei Männer an der Spitze, die an den in den 60er Jahren verstärkt einsetzenden Politisierungsprozessen partizipiert hatten. Schröder war Juso-Vorsitzender in den späten 70er Jahren – überhaupt fallen unter den Ministern die Jusos der 70er Jahre auf. Fischer war Sponti in Frankfurt gewesen, der sich auch in Straßenkämpfen engagierte, bei den Grünen jedoch während der 80er Jahre die zentrale Figur des Realo-Flügels der Partei geworden war. Das rot-grüne Projekt schien schon Ende der 80er Jahre Chancen zu haben, wurde dann aber durch die historische Umwälzung in der DDR und in Osteuropa 1989/90 beiseitegeschoben. Gerade Angehörige der 68er Generation hatten damals – wie die Beispiele Schröder, Lafontaine und Fischer zeigen – Probleme mit dem Themenwechsel.

1998 standen gewiss auch ökologische Themen auf der Tagesordnung, doch nach wie vor auch Fragen, die Konsequenz der Umwälzung von 1989/90 waren. Die SPD propagierte jetzt eine Politik der Neuen Mitte, die schon von Willy Brandt 1973 anvisiert worden war, in der Hoffnung, für die Politik der neuen Regierung eine breite Unterstützung gewinnen zu können.

Bei der Kabinettsbildung wirkten Kanzler und Parteivorsitzender zusammen. Beide hatten im Wahlkampf erklärt, dass «kein Blatt» zwischen sie passe, doch traten jetzt unübersehbar Meinungsunterschiede auf. Lafontaine strebte für sich die Funktion eines Schatzkanzlers nach britischem Vorbild an, d. h. ein um weitere Kompetenzen ergänztes Finanzministerium, worüber Schröder spottete: Er sehe keinen Schatz. In das Kabinett eingebunden wurde auch Rudolf Scharping, der gerne SPD-Fraktionsvorsitzender geblieben wäre, doch nun Verteidigungsminister wurde. Selbst Franz Müntefering übernahm zunächst ein Ressort – er wurde Verkehrs- und Städtebauminister.

Schon nach vergleichsweise kurzer Zeit erfüllte sich die von manchen Beobachtern, die beide Spitzenleute gut kannten, geäußerte Prognose, dass Schröder und Lafontaine – schon aufgrund ihres Selbstbewusstseins – in Konflikt geraten würden. Als Lafontaine konkret klar wurde, dass Schröder als Kanzler die entscheidende Figur der Innenpolitik war und auch auf der internationalen Bühne die Bundesrepublik vertrat, trat er im März 1999 nicht nur vom Amt des Finanzministers zurück, sondern schmiss auch die Funktion des Parteivorsitzenden hin, was in Partei und Öffentlichkeit kaum auf Verständnis stieß. Dass er zu diesem Zeitpunkt schon negative Erfahrungen in der internationalen Finanzpolitik gemacht hatte, da seine forsch vorgetragenen Vorstellungen auf Widerspruch und Spott gestoßen waren, war demgegenüber sekundär. Entscheidend war, dass er nicht die erste Geige spielen durfte und Schröder ihm erfolgreich Grenzen setzte. Lafontaine hat seinen persönlichen Frust in den folgenden Jahren in Kolumnen in der Bildzeitung, in Angriffen auf die Politik Schröders und der SPD ausgelebt. Schließlich schloss er sich 2005 der WASG an und wurde noch im gleichen Jahr Vorsitzender der Linkspartei, wo er in erheblichem Maße negativ auf die SPD fixiert blieb.

Festzuhalten ist, dass die neue Koalition unter Führung Gerhard Schröders und der Partei keinen guten Start hatte. An die Stelle von Lafontaine trat der frühere hessische Ministerpräsident Hans Eichel, dessen Kompetenz unstrittig war, der ebenfalls der Juso-Generation der 70er Jahre angehörte und als Linker gegolten hatte, sich als Finanzminister jedoch den Tendenzen der internationalen Finanzwirtschaft nur zum Teil entgegenstellte, darin sicherlich mit Gerhard Schröder übereinstimmend.

Selbstverständlich versuchte die rot-grüne Koalition auch ihre innenpolitischen Reformvorstellungen zu realisieren. So begann Otto Schily mit der Arbeit an einem neuen Staatsbürgerschaftsrecht, das das 1913 beschlossene Recht ablösen sollte. Auch gelang es der Regierung im Jahre 2000, mit der Energiewirtschaft einen Ausstieg aus der Kernenergie bis zum Jahre 2032 zu vereinbaren; die deutschen Kernkraftwerke sollten im Durchschnitt noch 13 Jahre laufen, ein Kompromiss, der als Konsens bezeichnet wurde und international ohne Beispiel war. In der Tat beschritt die Koalition damit einen «Sonderweg» in Europa, den man als Umstieg in erneuerbare Energien darstellte. Allerdings schien der Konsens bei einem Regierungswechsel bedroht, da die Oppositionsparteien CDU/CSU und FDP sich gegen diese Politik aussprachen, im Übrigen zugleich heftig gegen die Ökosteuer auf Energie polemisierten, durch die die Lohnnebenkosten gesenkt werden sollten, was für die Wettbewerbsfähigkeit vorteilhaft war.

Neue Wege ging die Regierung angesichts der durch die demographische Entwicklung zu erwartenden Probleme der Rentenfinanzierung, die auch Rot-Grün wie vorher schon Schwarz-Gelb zur Einrechnung eines demographischen Faktors zwangen, durch die Einführung einer zusätzlichen, staatlich geförderten Altersversorgung, der nach dem früheren Gewerkschafter und damaligen Arbeitsminister Walter Riester benannten Riester-Rente, mit der man neben dem staatlichen Rentensystem eine neue Rente auf Versicherungsbasis schuf, ein nicht unumstrittenes Projekt, von dem nicht zuletzt die Versicherungswirtschaft profitierte.

Nicht recht voran kam die Regierung zunächst bei der Bekämpfung der hohen Arbeitslosigkeit. Das Bündnis für Arbeit, mit dem die Schillersche Konzertierte Aktion, jetzt bezogen auf die Schaffung von Arbeitsplätzen, wieder auflebte, scheiterte – trotz aufwändiger Gesprächsrunden – weitgehend an der Unbeweglichkeit von Gewerkschaften und Arbeitgebern. Schröders Wirtschaftspolitik der «ruhigen Hand» wurde daraufhin vielfältig kritisiert. Schließlich übernahm die Bundesregierung die Vorschläge zu einer Reform des Arbeitsmarktes, die eine Kommission unter Vorsitz des VW-Managers Peter Hartz, bestehend aus Sachverständigen, Vertretern von Arbeitgebern und Arbeitnehmern, erarbeitet hatte. Sie sah eine gänzliche Neuorganisation der Arbeitsverwaltung und eine Beschleunigung der Vermittlung von Arbeit vor. Hartz versprach bei einer Realisierung der Reformen eine Halbierung der Arbeitslosenzahlen, eine wenig seriöse Prognose.

Die deutsche Beteiligung an Militäreinsätzen

Auch außenpolitisch sah sich die rot-grüne Koalition sogleich mit der für SPD wie für Grüne schwierigen Frage konfrontiert, ob die Bundesrepublik, deren Gewicht in der internationalen Politik weiter zugenommen hatte, sich am NATO-Einsatz gegen Serbien beteiligen sollte, durch den die Vertreibungspolitik des serbischen Machthabers Slobodan Milošević im Kosovo gestoppt werden sollte. Sie entschied sich für eine Beteiligung, die insbesondere Verteidigungsminister Rudolf Scharping (SPD) und Außenminister Joschka Fischer, in dessen Partei Die Grünen sich eine pazifistische Minderheit dem neuen Kurs widersetzte, begründeten, indem sie – anders als auf der Linken lange vorherrschend – aus dem historischen Geschehen des Zweiten Weltkrieges für die deutsche Politik nicht mehr die Forderung «Nie wieder Krieg» ableiteten, sondern die Verpflichtung, genozidalen Aktionen Einhalt zu gebieten – notfalls auch mit militärischen Mitteln. Das deutsche Engagement auf dem Balkan, das auch bündnispolitisch geboten schien, führte zwar immer wieder zu kontroversen Diskussionen in der SPD (und bei ihrem Koalitionspartner), wurde jedoch mehrheitlich von der SPD mitgetragen – auch herbeigeführt durch ein entsprechendes Plädoyer von Erhard Eppler, der in den späten 70er und frühen

80er Jahren der wichtigste sozialdemokratische Repräsentant der Friedensbewegung gewesen war.

Anders war die innerparteiliche Lage beim Irakkrieg 2002. Im Hinblick auf den Irakkrieg agierte Gerhard Schröder weitgehend in Übereinstimmung mit der SPD und der großen Mehrheit der Öffentlichkeit. Nach den Terroranschlägen auf das World Trade Center und das Pentagon 2001 erklärte Kanzler Schröder vor dem Deutschen Bundestag die uneingeschränkte Solidarität Deutschlands mit den USA, was sich auch auf die Auseinandersetzung mit Al Kaida in Afghanistan bezog, bei der sich die Regierung auf die Seite der USA stellte. Bezogen auf den Irakkrieg, ging die deutsche Politik jedoch auf Distanz zu den USA, weil der behauptete Kriegsgrund – Massenvernichtungswaffen in der Hand von Saddam Hussein – nicht nachvollziehbar war und sich auf die Dauer auch als abwegig erwies. Die deutsche Politik war zusammen mit der französischen (und auch der russischen) Politik nicht bereit, die amerikanische Intervention im Irak zu unterstützen, und wurde deshalb von der amerikanischen Politik – Verteidigungsminister Rumsfeld sprach von «old europe» – getadelt. Schröder, den keineswegs vorrangig der Wahlkampf dazu motivierte, setzte damit die Politik der sozialdemokratischen Kanzler Brandt und Schmidt fort, die ungeachtet prinzipieller Westorientierung und Bündnisloyalität, falls nötig, auch in gewisser Selbständigkeit gegenüber den USA eigene Ziele und Interessen verfolgt hatten.

Die Regierungsarbeit von Rot-Grün – kritisch begleitet von CDU/CSU, FDP und PDS und den Medien – lief keineswegs wirklich rund. Noch im Wahlkampf 2002 stolperten zwei Minister (Scharping und Däubler-Gmelin) über arg aufgebauschte Affären. Wenn die Koalition dennoch die Wahlen 2002 überstand, so war dies – abgesehen von der Schwächung der CDU durch die Parteispendenaffäre Helmut Kohls – auf die Haltung der Koalition zum Irakkrieg und das überzeugende Agieren Schröders (im Kontrast zu seinem Herausforderer, dem bayerischen Ministerpräsidenten Stoiber) bei der Katastrophe des Oder-Hochwassers im Sommer 2002 zurückzuführen. Auch gelang eine gewisse Mobilisierung der Unterstützer der 70er Jahre.

Bei der Bundestagswahl am 22. September 2002 erzielte die CDU gegenüber der vorhergehenden Wahl Gewinne (statt 35,1 jetzt 38,5 %), doch blieben die SPD-Verluste überschaubar (SPD jetzt 38,5 % gegenüber 40,8), die FDP kam auf 7,4 %, die Grünen erzielten leichte Gewinne, sie erreichten 8,6 % (gegenüber 6,7 %), und die PDS blieb mit 4,0 % unter der Sperrklausel und war damit nur noch durch zwei direkt gewählte Abgeordnete im Bundestag vertreten. Rot-Grün konnte auch deshalb weitermachen.

Die Agenda 2010 und ihre Folgen

Die Koalitionsverhandlungen 2002 riefen – vor allem durch die Diskussion über den Abbau von Steuervergünstigungen und über Steuererhöhungen, auch durch eine gewisse Ziellosigkeit der Koalitionäre – ein überwiegend negatives Echo hervor, das auch nicht dadurch gemildert wurde, dass der bisherige NRW-Ministerpräsident Wolfgang Clement neuer Superminister für Wirtschaft und Arbeit wurde. Angesichts der steigenden Arbeitslosenzahlen entschloss sich Kanzler Gerhard Schröder kurze Zeit später, durch ein vorrangig auf Kanzleramtsminister Steinmeier zurückgehendes, in der sozialdemokratischen Politik nicht ganz unvorbereitetes Bündel von Maßnahmen, die unter dem der Politsprache der Zeit entsprechenden, doch wenig aussagefähigen Begriff «Agenda 2010» zusammengefasst wurden, die Wettbewerbsfähigkeit der deutschen Wirtschaft zu verbessern und dazu den Sozialstaat umzubauen. Schröder trug das eine Zäsur darstellende Konzept am 14. März 2003 vor dem Deutschen Bundestag vor, nach dem der Sozialstaat stärker der Aktivierung der Menschen dienen sollte; Fordern und Fördern, «Selbstbeteiligung» und «Eigenverantwortung» hießen die Kernbegriffe. Es ging zugleich um mehr Investitionen – in der Tat litt die deutsche Wirtschaft seit Jahren an einer Investitionsschwäche – und um Ankurbelung der Wirtschaft. Zwar wurde das Konzept begründet und eingeordnet, doch wurde deutlich, dass es nicht um den Abbau, sondern um den Umbau des Sozialstaates angesichts eines durch die globalisierte Wirtschaft härter werdenden Wettbewerbs ging: «Entweder wir modernisieren, und zwar als soziale Marktwirtschaft», so Schröder, «oder wir werden modernisiert, und zwar von den ungebremsten Kräften des Marktes, die das Soziale beiseitedrängen würden.»

Im Einzelnen wurden u. a. in Angriff genommen: die von verschiedenen Seiten, auch von der Hartz-Kommission, vorgeschlagene Zusammenlegung von Arbeitslosen- und Sozialhilfe, eine Verkürzung der Bezugsdauer des Arbeitslosengeldes, Veränderungen der Zumutbarkeitsregelung für die Wiedereingliederung von Arbeitslosen in den Arbeitsmarkt, eine stärkere Beteiligung der Versicherten an den Gesundheitskosten und ihre Begrenzung für die Arbeitgeberseite. Die Senkung der Lohnnebenkosten war ein wichtiges Ziel. Gegenüber den bisherigen Regelungen waren die Veränderungen gravierend, und sie trafen vorrangig die traditionelle sozialdemokratische Klientel. Im Falle von längerer Arbeitslosigkeit ging es nicht mehr um die Bewahrung des bisherigen Lebensstandards des Betroffenen, sondern nur noch um die Vermeidung des Absturzes ins Bodenlose, wobei zuvor das Vermögen des Betroffenen bis zu einer gewissen Grenze heranzuziehen war. Andererseits wurden die bisherigen Sozialhilfeempfänger aus ihrem Sonderstatus befreit und mit dem Arbeitsmarkt in Beziehung gebracht. Erwähnenswert ist auch, dass zugleich in dem Paket zusätzliche Mittel für den Ausbau der Einrichtungen für das Erziehungswesen bereitgestellt wurden, was die Absicht unterstrich, das Land zu modernisieren und zukunftsfähig zu machen.

Innerhalb der Sozialdemokratie stieß die Agenda 2010 auf erhebliche Widerstände – schon Helmut Schmidt hatte sich in der zweiten Hälfte der 70er Jahre schwer damit getan, bei den Leistungsgesetzen gewisse Begrenzungen zu realisieren. Auf Regionalkonferenzen erläuterte die Parteiführung das Konzept, dennoch versuchten Teile der Linken, in der Partei ein Mitgliederbegehren gegen die Parteiführung durchzusetzen, was freilich an dem entsprechenden Quorum scheiterte. Auf dem Parteitag im Juni 2003 in Berlin stimmten – nachdem die Parteiführung angekündigt hatte, nach einiger Zeit die Auswirkung der Reformen überprüfen und eine hinreichende Übergangszeit einrichten zu wollen – 4/5 der Delegierten zu, wohl auch weil kein alternatives Konzept der innerparteilichen Linken vorlag, diese sich vielmehr in einer Art Sozialstaatskonservativismus auf die Verteidigung bisheriger Regelungen beschränkte.

Folge der Agenda 2010, über die in der Öffentlichkeit ausgesprochen kritisch berichtet wurde, war nicht nur scharfe Kritik aus den Gewerkschaften, sondern auch ein beträchtlicher Exodus von SPD-Mitgliedern, insbesondere mit gewerkschaftlichem Hintergrund, da die Partei aus ihrer Sicht nicht mehr als Fortsetzung gewerkschaftlichen Handelns im politischen Raum fungierte. Zu den Folgen gehörte auch, dass zum einen die PDS in Ostdeutschland vehement gegen die Agenda 2010 zu Felde zog, zum anderen auch in Westdeutschland eine Protestbewegung, teilweise mit gewerkschaftlicher Hilfe, entstand, die sich schließlich 2004 in der Wahlinitiative Arbeit und soziale Gerechtigkeit (WASG) als Partei formierte, in der Altlinke, nicht wenige Gewerkschafter und enttäuschte Sozialdemokraten sich sammelten, an ihrer Spitze seit Mai 2005 Oskar Lafontaine.

Für die Agenda 2010, durch die die SPD-Führung in staatspolitischer Verantwortung eine Trendwende im Hinblick auf Arbeitslosigkeit und wirtschaftliche Entwicklung erreichen wollte und tatsächlich auch erreichte, brachte die SPD beträchtliche Opfer: Sie verlor dabei nicht nur einen Teil der Mitglieder, sondern büßte bei Wahlen auch erhebliche Prozentanteile ein. Ebenso problematisch für sie war, dass nicht nur die Distanz zwischen Regierung und Partei stark wuchs, sondern auch das Identitätsbewusstsein der Partei in eine Krise geriet, weil ihre Rolle als «Schutzmacht der kleinen Leute» angezweifelt wurde.

2004 gab Gerhard Schröder, der – wie weiland Helmut Schmidt – ein kompliziertes, teilweise auch gespanntes Verhältnis zu seiner Partei hatte, den Parteivorsitz an den Fraktionsvorsitzenden Franz Müntefering ab, um sich selbst von der Parteiarbeit zu entlasten. Müntefering, der stärker die traditionelle SPD zu verkörpern schien, sollte die Partei integrieren, ohne den Agenda-Prozess zu gefährden. Die Eigengewichtigkeit der Partei gegenüber dem Regierungshandeln anerkennend, forcierte Müntefering u. a. die Arbeit an einem neuen Grundsatzprogramm. In diesem Kontext verglich er Praktiken des Finanzkapitalismus mit der Plage von Heuschrecken – was ihm Beifall auch auf der Linken einbrachte, doch den Widerstand gegen die Hartz-Reformen naturgemäß nicht minderte.

Keine Frage, dass die Arbeitsmarktreformen (Hartz IV) beträchtlichen Anteil an der Wahlniederlage der SPD bei den NRW-Landtagswahlen im Mai 2005 hatten – für die SPD, die mit dem durchaus fähigen und populären Ministerpräsidenten Peer Steinbrück angetreten war (der 2002 Clement gefolgt war), ein Desaster, hatte die Partei das bevölkerungsreichste Land doch seit 1966, 15 Jahre unter Johannes Rau sogar mit absoluter Mehrheit, regiert.

Noch am Abend der NRW-Wahl kündigten Kanzler Gerhard Schröder und der SPD-Vorsitzende Franz Müntefering an, die Bundestagswahl um ein Jahr vorziehen zu wollen, um zu vermeiden, vom CDU-dominierten Bundesrat dauerhaft blockiert zu werden. Über den früher schon von Kohl gewählten Weg der fingierten Verneinung der Vertrauensfrage wurde der Bundestag aufgelöst. Die CDU ging als hohe Favoritin mit Angela Merkel in den Wahlkampf, in dem Gerhard Schröder und die SPD dann jedoch mit Erfolg gegen Marktradikalismus und ein Steuerreformkonzept, in dem die Progression aufgegeben war, Front machten, so dass am Ende CDU/CSU und SPD fast gleich stark waren: Die CDU erzielte 35,2, die SPD 34,2 %. Die FDP kam auf 9,8 %, die Grünen auf 8,1 %, die Linke auf 8,7 %. Der knappe Vorsprung der CDU/CSU vor der SPD bedeutete, dass Angela Merkel Kanzlerin wurde. Unter den gegebenen Umständen blieb angesichts der – wegen ihrer Fundamentalopposition selbst in außenpolitischen Fragen und ihrer nach wie vor unzureichenden Auseinandersetzung mit der SED-Diktatur – für Koalitionen ausfallenden Linkspartei und angesichts der Gegensätze der potentiellen Partner offensichtlichen Unmöglichkeit einer Jamaika-Koalition nur eine Große Koalition, in der die SPD die Hälfte der Minister, darunter den Vizekanzler und Arbeitsminister Franz Müntefering, Außenminister Frank-Walter Steinmeier, Finanzminister Peer Steinbrück und Umweltminister Sigmar Gabriel, stellte.

Die zweite Große Koalition

Dem Regierungsprogramm konnte die SPD in erheblichem Maße ihren Stempel aufdrücken – während Angela Merkel und die CDU/CSU ihre neoliberale Programmatik ohne größere Diskussion aufgaben. Das Echo der Öffentlichkeit war, insbesondere angesichts der Mehrwertsteuererhöhung, eher gemischt.

Die SPD-Minister arbeiteten in der Folgezeit durchweg erfolgreich. Dies gilt für Außenminister Steinmeier, der zwar konzeptionell keine neue Außenpolitik entwickelte, doch ausgesprochen umsichtig handelte, für Finanzminister Steinbrück, der die Staatsfinanzen zu konsolidieren begann (schon 2007 wurde ein ausgeglichener Staatshaushalt erreicht) und bei der 2008 ausbrechenden internationalen Finanz- und Wirtschaftskrise ebenso rasch wie kompetent agierte, für Arbeitsminister Franz Müntefering, der sich beherzt der Rentenfinanzierung annahm und die Rente mit 67 anpackte, oder auch für seinen Nachfolger Scholz, der in der Krise mit dem Kurzarbeitergeld wesentlich zur Stabilisierung des Arbeitsmarktes beitrug. Die SPD hatte durchweg schwierige Ressorts, bei der sie sich geradezu zwangsläufig unbeliebt machen musste, etwa in der Gesundheitspolitik, für die Ulla Schmidt verantwortlich war und in der sich Interessen, Struktur- und Kostenfragen überlagerten. So fiel das meiste Licht auf die Kanzlerin Angela Merkel, die für sich die Außen- und Europapolitik entdeckte, in der sie eine gute Figur abgab. Das Zusammenwirken der Kanzler- und der Mediendemokratie wirkte sich zu Ungunsten der SPD aus. Im Übrigen aber deckte der fast ständige Streit der Partner die Leistungen der Koalition im öffentlichen Bewusstsein teilweise zu.

Unerwartet wurde nach der Wahl 2002 für die SPD wie schon in den 90er Jahren die Führungsfrage wieder zum Problem. Überraschend trat Müntefering als Parteivorsitzender kurz nach der Bundestagswahl zurück, als er seinen Kandidaten für das Amt des Generalsekretärs nicht durchsetzen konnte – eine heterogene Gruppe hatte ihn im Vorstand scheitern lassen, ohne ein klares Ziel damit zu verfolgen, was man als Symptom für den Verfall der sozialdemokratischen Führungskultur betrachten mag. Nachfolger wurde der brandenburgische Ministerpräsident Matthias Platzeck, der den Parteivorsitz nach wenigen Monaten aus gesundheitlichen Gründen wieder aufgab. Kurt Beck, der rheinland-pfälzische Ministerpräsident, wurde daraufhin im Mai 2006 neuer Vorsitzender.

Zum Problem wurde für die Partei nun die Frage, inwieweit in den westlichen Bundesländern eine Koalition der SPD unter Beteiligung der Linkspartei möglich sein sollte. Bei der Landtagswahl in Hessen im Januar 2008 schnitt die SPD mit ihrer Spitzenkandidatin Andrea Ypsilanti zwar recht gut ab, erreichte aber auch mit den Grünen nicht die absolute Mehrheit der Landtagssitze. Im Wahlkampf hatte sie mehrfach eine Koalition mit der Linkspartei dezidiert ausgeschlossen. Als sie nach der Wahl jedoch die Linkspartei zur Mehrheitsbildung heranziehen wollte, erhoben sich Proteste gegen den Wortbruch in der Partei und Öffentlichkeit, und als Ypsilanti sich trotz der Proteste in einem zweiten Anlauf zur Ministerpräsidentin wählen lassen wollte, versagten ihr vier Abgeordnete der SPD-Fraktion die Gefolgschaft. Ypsilanti scheiterte. Ein Bündnis mit der Linkspartei blieb für einen Teil der Partei und für die Öffentlichkeit ein Problem – auf Grund historischer Erfahrungen, der politischen Positionen dieser Partei und der besonderen Rolle, die Lafontaine darin spielte.

Auch Kurt Beck resignierte 2008. SPD-Bashing war offensichtlich in den Medien dieser Jahre angesagt, ein schwer erklärbares Phänomen. Und besonders konzentrierte sich dies auf Kurt Beck, den erfolgreichen rheinland-pfälzischen Ministerpräsidenten, den die Hauptstadtjournaille als provinziell abtat. Bei seinem Rücktritt spielten freilich auch Vorgänge in der Parteispitze eine Rolle. Jedenfalls wurde Franz Müntefering wieder Parteivorsitzender und Frank-Walter Steinmeier Kanzlerkandidat.

Aufs Ganze gesehen, betrieb die Große Koalition – selbst in den von der CDU übernommenen Ressorts – eine teilweise sozialdemokratische Politik, etwa bei der Einführung des Elterngeldes, in der Umweltpolitik, für die Sigmar Gabriel verantwortlich war, in der Annäherung an den Mindestlohn u. a. Und Peer

Steinbrück bemühte sich ernsthaft, in der – schon von Eichel und Schröder aufgegriffenen – Frage der Regulierung der internationalen Finanzmärkte voranzukommen.

Zu den Leistungen der Partei während der Zeit der Großen Koalition gehörte die Verabschiedung des Grundsatzprogramms auf dem Bundesparteitag im Oktober 2007 in Hamburg, über das seit 1999 diskutiert worden war. Es bildet den umfassenden Versuch, die Herausforderungen der Gegenwart – die Globalisierung mit ihren Widersprüchen, die Umbrüche in Arbeitswelt und Gesellschaft und die Probleme der Demokratie – ernst zu nehmen und darauf zeitgemäße sozialdemokratische Antworten zu geben, bei denen die Weiterentwicklung der Europäischen Gemeinschaft, die solidarische Bürgergesellschaft im handlungsfähigen demokratischen Staat, der vorbeugende Sozialstaat, «gute Arbeit», die Gleichstellung der Geschlechter, nicht zuletzt aber die Bildungspolitik eine wichtige Rolle spielen. Das Programm verkennt erhebliche Probleme nicht, versucht aber auch, Chancen auszumachen.

Der SPD-Wahlkampf 2009, bei dem Frank-Walter Steinmeier als Kanzlerkandidat auftrat, litt allerdings an einem Mangel von polarisierenden Themen gegenüber der CDU, auch wirkte immer noch die Agenda 2010 nach, vor allem aber fehlte – da eine Neuauflage der Großen Koalition von niemandem angestrebt wurde – eine realistische Machtperspektive. Mit einem Stimmenanteil von nur 23,0 % führte die Bundestagswahl zu einem nur teilweise mit der Veränderung des Parteiensystems erklärbaren unvergleichlichen Wahldesaster – bei keiner Bundestagswahl hatte die SPD vorher so schlecht abgeschnitten. Verloren hatte die SPD Stimmen an die Linkspartei, die 11,9 % erreichte, mehr an die CDU, die auf 33,8 % kam, besonders viele aber an die Gruppe der Nichtwähler, wozu auch das Erscheinungsbild der SPD, nicht zuletzt das unzureichende Selbstbewusstsein bei der Vertretung der eigenen Politik, beigetragen hat.

Manche Zeitgenossen wollten freilich das Wahlergebnis weniger als das Ergebnis einer spezifischen Konstellation als vielmehr als Symptom für das Ende des sozialdemokratischen Zeit-

alters sehen. Dies erschien indes insofern abwegig, als sozialdemokratische Grundpositionen in der deutschen Gesellschaft
eine, insgesamt gesehen, wieder zunehmende Zustimmung fanden und inhaltlich die CDU sich teilweise in Richtung SPD be-
wegte, so dass von einer Sozialdemokratisierung dieser Partei
gesprochen worden ist.

Die SPD, die in ihrer langen Geschichte wiederholt schwere
Rückschläge erlebt hat, begann unter Führung des neuen Parteivorsitzenden Gabriel eine breite Reformdiskussion und fing sich
wieder, wie die Landtagswahlergebnisse der Folgezeit zeigten.

XIV. Schlussbetrachtung

Die 150-jährige Geschichte der Sozialdemokratischen Partei
lässt Fragen nach der Identität der Partei und nach damit zusammenhängenden Entwicklungslinien im Kontext der Geschichte entstehen.

Der Beginn der deutschen Sozialdemokratie liegt in einer
Zeit, in der in Mitteleuropa die Industrialisierung gerade erst
begonnen hatte und sich deutlich beschleunigte, der deutsche
Nationalstaat noch nicht existierte – der Versuch 1848/49 war
gescheitert. Die Deutschen lebten noch in einer bunten Staatenwelt, die aus zwei Großstaaten bestand, einer Reihe von Mittel-
staaten sowie Kleinstaaten und Städten, locker zusammengehalten vom Deutschen Bund. Die heutige Sozialdemokratie
existiert demgegenüber in einer Welt, in der einerseits die Nationalstaaten, auch der deutsche, eine Selbstverständlichkeit bilden, die Nationalstaaten aber Souveränität an internationale
Organisationen wie die EU abgegeben haben, gleichzeitig aber
von transnationaler Kommunikation und Wirtschaft durch-
drungen sind, die bei aller Bedeutung von Industrien vorrangig
durch den globalen Finanzkapitalismus geprägt erscheinen. Die
Sozialdemokratische Partei ist angesichts des gewaltigen Wandels in Deutschland eine Bewegung und Organisation, die ein

Stück Kontinuität ausmacht, die hier umso bemerkenswerter ist, als die deutsche Geschichte des 19. und 20. Jahrhunderts durch eine Reihe von Brüchen gekennzeichnet ist.

Was den Kern der Identität der Sozialdemokratischen Partei angeht, der Voraussetzung ihrer Kontinuität ist, so liegt er in bestimmten Zielen, Werten und Haltungen. Das Durchhaltende im Wandel lässt sich vielleicht so formulieren: Die Sozialdemokratie entwickelte sich als eine politisch-gesellschaftliche Bewegung, die die politisch-ökonomischen Prozesse nicht erleiden, sondern gestalten wollte, um Ausbeutung und Unterdrückung zu überwinden und umfassende Teilhabe der großen Mehrheit der Menschen in einer zu befriedenden Welt zu realisieren. Sie war und ist die Partei, die umfassend Freiheit dadurch für alle verwirklichen wollte und will, dass sie diese mit Gleichheit und Solidarität in Beziehung setzt. In der Konsequenz lief das in der Vergangenheit auf die Zähmung des Kapitalismus und auf die Schaffung und Ausdifferenzierung des Sozialstaates hinaus, und vieles spricht dafür, dass sie diese Linie auch in Gegenwart und Zukunft verfolgen wird.

Zur Identität der deutschen Sozialdemokratie gehört auch, dass sie sich als die Partei der Demokratie versteht. Politische Demokratie war dabei zeitweilig theoretisch nur Mittel zum Zweck, doch in der Praxis setzte sie sich stets dafür ein. Sie bekämpfte nicht nur den Obrigkeitsstaat, sondern auch die Diktaturen des 20. Jahrhunderts, wodurch die Geschichte der Sozialdemokratie zur Gegengeschichte zum fatalen deutschen Weg in der ersten Hälfte des 20. Jahrhunderts geworden ist, zumal die Partei sich zugleich für friedlichen Ausgleich («Internationalismus») eingesetzt hat. Zudem war sie Bildungs- und Kulturbewegung, die der Fortschrittsidee verpflichtet war, an der sie auch in der Gegenwart reflektiert festzuhalten versucht.

Allerdings konnte sich die Programmatik mit theoretischen Positionen verbinden, die im Laufe der Zeit recht unterschiedlich waren. Zu nennen ist insbesondere der Marxismus in verschiedenen Ausformungen, doch auch der Kantianismus oder auch moralisch begründeter Pragmatismus. Zeitweilig war mit dem eigenen Selbstverständnis auch ein bestimmter Geschichtsglaube verbunden, der meist evolutionistisch, weniger dialektisch geprägt und partiell eschatologisch eingefärbt war. Dieser Geschichtsglaube ist durch die Erschütterungen der Weltkriege zunehmend verloren gegangen. Auch die Bindung an den Marxismus lockerte sich schon in der Weimarer Zeit und löste sich in der Nachkriegszeit weitgehend auf.

Gleichwohl war die Spannung zwischen weitgesteckten Zielen – mochten sie ideologisch begründet, Ausdruck utopischen Wollens oder auch Ausformung eines Traditionalismus sein – und konkreter Politik ein durchgängiger Zug der Geschichte der Sozialdemokratie, der sich insbesondere zeigte, wenn die SPD Regierungsverantwortung ausübte. Eine gewisse Unzufriedenheit mit der eigenen politischen Praxis ist wohl die Kehrseite des auf Veränderung zielenden sozialdemokratischen Bewusstseins.

Das soziale Substrat der Sozialdemokratie, die wichtigsten Trägergruppen haben sich ebenfalls im Laufe der Jahre verändert. Am Anfang standen die Handwerker, die auch in der Folgezeit zusammen mit Facharbeitern eine wichtige Trägergruppe bildeten. Der Arbeiterbegriff wurde nicht nur stets sehr weit gefasst, sondern von Anfang an waren auch andere Gruppen dabei: Gewerbetreibende, Intellektuelle, Lehrer, schon vor dem Ersten Weltkrieg Angestellte, auch Rentner und sozial Schwächere. Der Begriff Arbeiterklasse war für die SPD stets mehr Aufgabe als Realität. Von ihrer Zusammensetzung und Wählerschaft her war die SPD nie eine reine Arbeiterpartei. Der latent erkennbare Trend zur Volkspartei brach sich seit dem Zweiten Weltkrieg endgültig Bahn, obgleich die Arbeitnehmer immer eine besondere Rolle spielten, zu denen neben Arbeiter und Angestellten nun auch verstärkt Beamte traten.

Was die Strategie der Partei anging, so war nach der Weichenstellung 1918/19 für die Sozialdemokratie reformerische Politik in der parlamentarischen Demokratie alternativlos. Sie hatte an der Durchsetzung der parlamentarischen Demokratie nach dem Ersten wie nach dem Zweiten Weltkrieg herausragenden Anteil. Auch der Demokratisierungsschub in den späten 60er und frühen 70er Jahren des 20. Jahrhunderts ist mit ihr verbunden.

Und gewiss war es auch nicht zufällig, dass sich im Herbst 1989 in der DDR eine sozialdemokratische Partei bildete, die wesentlichen Anteil an der Überwindung der SED-Diktatur hatte. Keine Partei hat in Deutschland mit vergleichbarer Konsequenz Demokratie durchgesetzt und verteidigt.

Verändert hat sich im Laufe der Geschichte die politische Kultur der Partei. Im Kaiserreich und in der Weimarer Republik spielten neben den Versammlungen die Arbeiterkulturvereine eine wesentliche Rolle, auch die sozialdemokratische Presse. Auch in dieser Hinsicht bildet die NS-Zeit eine wesentliche Zäsur. Die SPD stützte sich nach dem Zweiten Weltkrieg nur noch bedingt auf ein klar identifizierbares sozialmoralisches Milieu. Mit dem Wandel des Kommunikationsverhaltens, das sowohl mit der zunehmenden Mediendominanz als auch mit der Auflösung traditioneller Milieus zusammenhing, verlor die sozialdemokratische Presse, überhaupt die Binnenkommunikation des sozialdemokratischen Lagers an Bedeutung, was die Bindungsfähigkeit der Partei schwächte.

Die Lage der Sozialdemokratie in der Gegenwart lässt Fragen entstehen. Keineswegs nur in Deutschland, sondern auch in den meisten europäischen Ländern hat die Sozialdemokratie in den letzten Jahren an fester Anhängerschaft eingebüßt, so dass man fragen kann, welche Bedeutung soziale Fragen in Europa heute noch haben. Welche Rolle spielt Gerechtigkeit, wenn bestimmte Bedürfnisse erfüllt sind? Sind nicht andere Fragen, etwa die der Ökologie und des Klimas, für viele Menschen ebenso wichtig oder wichtiger? Inwieweit lässt sich vom Sozialen und Demokratischen her noch eine umfassende Programmatik mit kohäsiver Wirkung und Strahlkraft zugleich entwickeln? Andererseits ist evident, dass Konzepte nötig sind, die verschiedene Politikfelder verbinden, was der Sozialdemokratie leichter gelingt als Parteien mit einem engeren spezifischen Anliegen.

Hinzu kommt, dass sozialdemokratische Themen wieder verstärkt in den Vordergrund gerückt sind. Wirtschaftlich-soziale Fragen, die auf der nationalen Ebene gelöst schienen, stellen sich jetzt auf europäischer Ebene neu. Gerade die Finanzspekulation wirft erneut die Frage nach der Zähmung des «Raubtierkapitalismus» (Helmut Schmidt) und nach Regeln für die Märkte auf. Und auch die Fragen nach sinnvoller Arbeit und nach einem Sozialstaat, der vorsorgt und Eigenverantwortung mit notwendiger Absicherung gegen die Risiken des Lebens verbindet, sind nicht erledigt, auch nicht die Frage nach Freiheit und Teilhabe. Für alle diese Aufgaben bringt die Sozialdemokratie eher mehr Interesse und wohl auch Gestaltungswillen mit als andere Parteien. So ist die Geschichte der Sozialdemokratie offensichtlich auch nach 150 Jahren, aus denen die Partei zweifellos Selbstbewusstsein schöpfen kann, keineswegs zu Ende.

Literaturhinweise

Angster, Julia: Konsenskapitalismus und Sozialdemokratie. Die Westernisierung der SPD und des DGB, München 2003

Bouvier, Beatrix W.: Zwischen Godesberg und großer Koalition. Der Weg der SPD in die Regierungsverantwortung, Bonn 1990

Bouvier, Beatrix W.: Ausgeschaltet! Sozialdemokraten in der Sowjetischen Besatzungszone und in der DDR 1945–1953, Bonn 1996

Brandt, Willy: Berliner Ausgabe. Hg. v. Helga Grebing, Gregor Schöllgen und Heinrich August Winkler, 10 Bde., Bonn 2000–2011

Dowe, Dieter (Hg.): Demokratischer Sozialismus in Europa seit dem Zweiten Weltkrieg, Bonn/Bad Godesberg 2001

Dowe, Dieter/Klotzbach, Kurt (Hg.): Programmatische Dokumente der deutschen Sozialdemokratie, 4. Aufl. Bonn 2004

Faulenbach, Bernd: Das sozialdemokratische Jahrzehnt. Von der Reformeuphorie zur Neuen Unübersichtlichkeit. Die SPD 1969–1982, Bonn 2011

Faulenbach, Bernd/Potthoff, Heinrich (Hg.): Sozialdemokraten und Kommunisten nach Nationalsozialismus und Krieg. Zur Einordnung der Zwangsvereinigung, Essen 1998

Faulenbach, Bernd/Potthoff, Heinrich (Hg.): Die Revolution 1848/49 und die Tradition der sozialen Demokratie in Deutschland, Essen 1999

Faulenbach, Bernd/Potthoff, Heinrich (Hg.): Die deutsche Sozialdemokratie und die Umwälzung 1989/90, Essen 2001

Feucht, Stefan: Die Haltung der Sozialdemokratischen Partei Deutschlands zur Außenpolitik während der Weimarer Republik (1918–1933), Frankfurt a. M. 1998

Gilcher-Holtey, Ingrid: Das Mandat der Intellektuellen. Karl Kautsky und die Sozialdemokratie, 1986

Grebing, Helga: Geschichte der deutschen Arbeiterbewegung. Von der Revolution 1848 bis zur Gegenwart, München 1999

Grebing, Helga (Hg.): Geschichte der sozialen Ideen in Deutschland. Sozialismus – Katholische Soziallehre – Protestantische Sozialethik, Essen 2000

Groh, Dieter/Brandt, Peter: Vaterlandslose Gesellen. Sozialdemokratie und Nation 1860–1990, München 1992

Kielmansegg, Peter Graf: Nach der Katastrophe. Eine Geschichte des geteilten Deutschlands, Berlin 2000

Klotzbach, Kurt: Der Weg zur Staatspartei. Programmatik, praktische Politik und Organisation der deutschen Sozialdemokratie 1945–1965, 2. Aufl. Bonn 1996

Kocka, Jürgen (Hg.): Europäische Arbeiterbewegungen im 19. Jahrhundert.

Deutschland, Österreich, England und Frankreich im Vergleich, Göttingen 1983

Lösche, Peter/Walter, Franz: Die SPD: Klassenpartei – Volkspartei – Quotenpartei. Zur Entwicklung der Sozialdemokratie von Weimar bis zur deutschen Vereinigung, Stuttgart 1992

Löwenthal, Richard/von zur Mühlen, Patrik (Hg.): Widerstand und Verweigerung in Deutschland 1933 bis 1945, Berlin/Bonn 1984

Luthardt, Wolfgang (Hg.): Sozialdemokratische Arbeiterbewegung und Weimarer Republik. Materialien zur gesellschaftlichen Entwicklung 1927–1933, 2 Bde., Frankfurt a. M. 1978

Malycha, Andreas: Auf dem Weg zur SED. Die Sozialdemokratie und die Bildung einer Einheitspartei in den Ländern der SBZ, Bonn 1995

Matthias, Erich (Hg.): Mit dem Gesicht nach Deutschland. Eine Dokumentation über die sozialdemokratische Emigration, bearb. von Werner Link, Düsseldorf 1968

Mayer, Gustav: Erinnerungen. Vom Journalisten zum Historiker der deutschen Arbeiterbewegung, Hildesheim/Zürich/New York 1993

Meyer, Thomas: Soziale Demokratie und Globalisierung: eine europäische Perspektive, Bonn 2002

Merseburger, Peter: Der schwierige Deutsche. Kurt Schumacher. Eine Biographie, Stuttgart 1995

Merseburger, Peter: Willy Brandt 1913–1992, Stuttgart/München 2002

Miller, Susanne: Burgfrieden und Klassenkampf. Die deutsche Sozialdemokratie im Ersten Weltkrieg, Düsseldorf 1974

Miller, Susanne: Das Problem der Freiheit im Sozialismus. Freiheit, Staat und Revolution in der Programmatik von Lassalle bis zum Revisionismus, 5. Aufl. Berlin/Bonn 1977

Miller, Susanne: Die Bürde der Macht. Die deutsche Sozialdemokratie 1918–1920, Düsseldorf 1978

Mommsen, Hans: Die verspielte Freiheit. Der Weg der Republik von Weimar in den Untergang 1918 bis 1933, Berlin 1989

Mommsen, Hans: Arbeiterbewegung und Nationale Frage. Ausgewählte Aufsätze, Göttingen 1979

Mommsen, Hans (Hg.): Sozialdemokratie zwischen Klassenbewegung und Volkspartei, Frankfurt a. M. 1974

Mooser, Josef: Arbeiterleben in Deutschland 1900–1970. Klassenlagen, Kultur und Politik, Frankfurt a. M. 1984

Mühlhausen, Walter: Friedrich Ebert 1871–1925. Reichspräsident der Weimarer Republik, Bonn 2006

Nawrat, Sebastian: Agenda 2010 – ein Überraschungscoup? Kontinuität und Wandel in den wirtschafts- und sozialpolitischen Programmdebatten der SPD seit 1982, Bonn 2012

Nipperdey, Thomas: Deutsche Geschichte 1800–1866. Bürgerwelt und starker Staat, München 1983

Nipperdey, Thomas: Deutsche Geschichte 1866–1918, 2 Bde., München 1990

Peukert, Detlev J. K.: Die Weimarer Republik. Krisenjahre der Klassischen Moderne, Frankfurt a. M. 1987

Potthoff, Heinrich/Miller, Susanne: Kleine Geschichte der SPD 1848–2002, 8. Aufl. Bonn 2002

Pyta, Wolfram: Gegen Hitler und für die Republik. Die Auseinandersetzung der deutschen Sozialdemokratie mit der NSDAP in der Weimarer Republik, Düsseldorf 1989

Ritter, Gerhard A.: Staat, Arbeiterschaft und Arbeiterbewegung in Deutschland. Vom Vormärz bis zum Ende der Weimarer Republik, Berlin/Bonn 1982

Ritter, Gerhard A./Tenfelde, Klaus: Arbeiter im Kaiserreich 1871–1914, Bonn 1992

Schneider, Michael: Unterm Hakenkreuz. Arbeiter und Arbeiterbewegung 1933–1939, Bonn 1999

Schönhoven, Klaus: Reformismus und Radikalismus. Gespaltene Arbeiterbewegung im Weimarer Sozialstaat, München 1989

Schönhoven, Klaus: Arbeiterbewegung und soziale Demokratie in Deutschland. Ausgewählte Beiträge, Bonn 2002

Schönhoven, Klaus: Wendejahre. Die Sozialdemokratie in der Zeit der Großen Koalition 1966–1969, Bonn 2004

Schönhoven, Klaus/Braun, Bernd (Hg.): Generationen der deutschen Arbeiterbewegung, München 2005

Soell, Hartmut: Helmut Schmidt. 1918–1969. Vernunft und Leidenschaft, München 2003

Soell, Hartmut: Helmut Schmidt. 1969 bis heute. Macht und Verantwortung, Stuttgart 2008

Sturm, Daniel Friedrich: Uneinig in die Einheit. Die Sozialdemokratie und die Vereinigung Deutschlands 1989/90, Bonn 2006

Sturm, Daniel Friedrich: Wohin geht die SPD?, München 2009

Vorholt, Udo: Die Sowjetunion im Urteil des sozialdemokratischen Exils 1933–1945, Frankfurt a. M. 1991

Walter, Franz: Die SPD. Biographie einer Partei, Berlin 2009

Weber, Petra: Carlo Schmid. 1896–1979. Eine Biographie, München 1996

Welskopp, Thomas: Das Banner der Brüderlichkeit. Die deutsche Sozialdemokratie vom Vormärz bis zum Sozialistengesetz, Bonn 2000

Wehler, Hans-Ulrich: Deutsche Gesellschaftsgeschichte. Bde. III, IV und V, München 1995, 2003 und 2008

Will, Wilfried van der/Burns, Rob: Arbeiterkulturbewegung in der Weimarer Republik, 2 Bde., Frankfurt a. M./Berlin 1982

Winkler, Heinrich August: Arbeiter und Arbeiterbewegung in der Weimarer Republik. 3 Bde., Berlin/Bonn 1984–87

Winkler, Heinrich August: Der lange Weg nach Westen, 2 Bde., München 2000

Wolfrum, Edgar: Die geglückte Demokratie, Stuttgart 2006

Zarusky, Jürgen: Die deutschen Sozialdemokraten und das sowjetische Modell. Ideologische Auseinandersetzung und außenpolitische Konzeptionen 1917–1933, München 1992

Register

Abendroth, Wolfgang 78
Adenauer, Konrad 71–75, 77, 79, 84, 86
Apel, Hans 99
Arndt, Adolf 63
Bahr, Egon 79 f., 104, 110, 113
Barbe, Angelika 114
Barth, Emil 38
Barzel, Rainer 89
Bassermann, Ernst 24
Bauer, Fritz 63
–, Gustav 42, 44, 48
Bebel, August 14, 16, 18 f., 24 f., 31 ff., 63, 108
Beck, Kurt 133
Bernstein, Eduard 27, 30, 36
Bismarck, Otto von 14, 18 f., 21, 42
Böhme, Ibrahim 114, 116
Börner, Holger 107
Born, Stephan 12
Borsdorf, Ulrich 57
Brandt, Willy 63, 65, 74, 76 f., 79 ff., 83 ff., 87, 89–92, 94 f., 97 ff., 102 f., 105, 107 f., 110–116, 120, 123, 127
Brauer, Max 63
Braun, Otto 53
Breitscheid, Rudolf 36, 53, 60
Brill, Hermann 60
Brüning, Heinrich 53
Carter, Jimmy 97 f.
Clement, Wolfgang 121, 128, 131
Dahrendorf, Ralf 7
Darwin, Charles 31
Däubler-Gmelin, Herta 127
Deist, Heinrich 76, 78
Diederichs, Georg 60, 62
Dittmann, Wilhelm 38
Dutschke, Rudi 82
Ebert, Friedrich 16, 25, 38 f., 41–44, 84
Ehmke, Horst 81, 95
Eichel, Hans 117, 125, 134
Eichhorn, Emil 40
Eichler, Willi 63
Eisner, Kurt 36
Engels, Friedrich 28
Engholm, Björn 116–119
Eppler, Erhard 76, 95 f., 99, 109 f., 126
Erhard, Ludwig 71, 75, 79
Erler, Fritz 60, 62, 76

Fischer, Joschka 123, 126
Frank, Ludwig 35
Fritzsche, Friedrich Wilhelm 13
Fuchs, Martha 62
Gabriel, Sigmar 131, 133, 135
Gansel, Norbert 110
Genscher, Hans-Dietrich 100 f.
Giscard d'Estaing, Valéry 93
Glotz, Peter 100
Goerdeler, Carl 59
Gorbatschow, Michail 97, 109 f.
Görlinger, Robert 62
Grass, Günter 83, 90, 111
Grebing, Helga 22, 25
Groener, Wilhelm 38, 49
Grotewohl, Otto 65 ff.
Guillaume, Günter 91
Gutzeit, Martin 112
Haase, Hugo 34, 38
Habermas, Jürgen 92, 105
Hartz, Peter 126
Hasenclever, Wilhelm 16
Hatzfeldt, Sophie Gräfin von 13
Haubach, Theodor 57, 59 f.
Heilmann, Ernst 60
Heinemann, Gustav 76, 81, 84
Henßler, Fritz 60, 62
Herzog, Roman 123
Hildebrandt, Regine 115
Hilferding, Rudolf 45 f., 60
Hilsberg, Stephan 114
Hindenburg, Paul von 44, 49, 53 f.
Hitler, Adolf 9, 53, 55 f., 59, 68, 84
Hockerts, Hans-Günter 88
Höppner, Reinhard 121
Hugenberg, Alfred 53
Husemann, Fritz 60
Hussein, Saddam 127
Jahn, Hans 58
Jaurès, Jean 32 f.
Juchacz, Marie 50
Kaisen, Wilhelm 74
Kamilli, Karl-August 114
Kautsky, Karl 27, 31
Keil, Wilhelm 16
Kennan, George 34
Kennedy, John F. 77, 80
Kiesinger, Kurt Georg 83

Klose, Hans-Ulrich 117
Knoeringen, Waldemar von 63, 76 f.
Kohl, Helmut 93, 101, 104, 110, 116 ff.,
    121 f., 127, 131
Kolb, Walter 62
Kubel, Alfred 60, 62
Kühn, Heinz 63, 76
Kummernuss, Adolph 58
Lafontaine, Oskar 108, 111, 114–119,
    121, 123 f., 130, 133
Lambsdorff, Otto Graf 100
Landsberg, Otto 38
Lassalle, Ferdinand 13 f., 16, 69
Leber, Georg 83
–, Julius 59 f.
Legien, Carl 29
Leuschner, Wilhelm 59 f.
Liebknecht, Karl 36, 38 ff.
–, Wilhelm 14, 16
Löbe, Paul 16
Lösche, Peter 118
Löwenthal, Richard 95
Lübke, Heinrich 80
Lüdemann, Hermann 60, 62
Luxemburg, Rosa 30, 36, 39 f.
Maizière, Lothar de 115
Marx, Karl 15, 28
Mathiopoulos, Margarita 108
Matthäus-Maier, Ingrid 101, 115
Max von Baden 38
Mayer, Gustav 32 f.
Meckel, Markus 112, 114 f.
Merkel, Angela 122, 131 f.
Mierendorff, Carlo 59
Milošević, Slobodan 126
Mitterrand, François 103
Möller, Alex 89
Momper, Walter 113
Müller, Hermann 44, 48
Müntefering, Franz 119, 121, 124,
    130–134
Mussolini, Benito 53
Naphtali, Fritz 46 f.
Noske, Gustav 39 f.
Oertzen, Peter von 78
Ohnesorg, Benno 82
Ollenhauer, Erich 63, 68, 77, 81
Papen, Franz von 54
Pieck, Wilhelm 66 f.
Platzeck, Matthias 133
Preuß, Hugo 42
Radbruch, Gustav 45
Rau, Johannes 76, 107, 115, 121, 123,
    131
Reiche, Steffen 113
Reichwein, Adolf 60
Renger, Annemarie 69, 95

Reuter, Ernst 63, 71, 74
Riester, Walter 125
Ringstorff, Harald 121
Romberg, Walter 115
Rosenberg, Arthur 40
Rumsfeld, Donald 127
Scharping, Rudolf 117 f., 124, 126 f.
Scheel, Walter 83
Scheidemann, Philipp 38, 42, 44
Schiller, Friedrich 27
–, Karl 63, 81, 83, 89, 125
Schily, Otto 125
Schleicher, Kurt von 55
Schmid, Carlo 63, 71, 76 f.
Schmidt, Helmut 76, 83, 85, 88, 91–99,
    101 ff., 112, 127, 129 f., 139
–, Ulla 132
Scholz, Olaf 132
Schönhoven, Klaus 44, 79
Schoettle, Erwin 63
Schröder, Gerhard 117 f., 120–131, 134
–, Richard 115
Schumacher, Kurt 60 ff., 64, 67–74
Schweitzer, Johann Baptist von 14, 16
Sommer, Theo 115
Stalin, Josef 40, 53 f., 59, 75
Stauffenberg, Claus Schenk Graf von 60
Steinbrück, Peer 131–134
Steinhoff, Fritz 60, 62
Steinmeier, Frank-Walter 128, 131–134
Stock, Christian 62
Stoiber, Edmund 127
Stolpe, Manfred 117
Strauß, Franz Josef 83, 99, 104
Stresemann, Gustav 48
Strobel, Käte 83
Thierse, Wolfgang 116, 122
Vahlteich, Julius 13
Verheugen, Günter 101
Vogel, Hans 58, 60
–, Hans-Jochen 96, 102 f., 108, 110 f.,
    113, 115 ff., 120
Voigt, Karsten 113
Vollmar, Georg von 29
Walter, Franz 118
Wehner, Herbert 63, 76 f., 79 ff., 83, 90 f.
Weisskirchen, Gert 105
Weizsäcker, Richard von 102
Wels, Otto 16, 44, 53, 55 f., 58, 60
Welskopp, Thomas 15
Wessel, Helene 76
Wieczorek-Zeul, Heidemarie 118
Wilhelm II., Kaiser 19, 33
Wischnewski, Hans-Jürgen 96
Wissell, Rudolf 39
Wolff, Jeanette 62
Ypsilanti, Andrea 133